대한민국 법령 시리즈 533

보호소년 등의 처우에 관한 법률

(약칭 : 보호소년법)

법령
시행령
시행규칙

해광출판사

머리말

이 책은 방대한 법전을 보지 않고 간편하게 해당되는 법령만 참고해서 볼 수 있도록 하였습니다. 공공기관이나 관련 종사자들이 쉽고 간편하게 해당 법령을 참조 할 수 있도록 하였습니다.

특히 해당법률은 물론 관련 시행령, 시행규칙을 함께 실어 관련법을 서로 참고할 수 있게 하였습니다.

법률이라는 것이 크든 작든 항상 변하는 관계로, 출간 이후의 정확하고 최신의 법률은 법제처 국가법령정보센터에서 확인이 가능하니 법률의 실제 적용 시 확인이 필요한 점 유의하기를 바랍니다.

편집부

* 수록 법률은 법제처 국가법령정보센터에서 확인 가능합니다.
* 발행일 기준 시행 법률이므로 최신 법령은 위 센터에서 볼 수 있습니다.
* 본 책자에 수록된 법률의 문구에 대하여 법적인 효력은 없으며,
  실제 적용 법률은 위 센터에서 최신의 법률로 확인하시기 바랍니다.
* 해당 법령과 함께 시행령, 시행규칙도 수록되어 있습니다.
* 발행일 기준으로 개정 예정 법률은 밑줄로 별도 표시되어 있으며,
  보다 정확한 것은 법제처에서 확인하기 바랍니다.

목차

보호소년 등의 처우에 관한 법률
(약칭 : 보호소년법)

[시행 2022. 2. 18.] [법률 제18425호, 2021. 8. 17., 타법개정]

**개정 예정 법률 밑줄 별도 표시.

보호소년 등의 처우에 관한 법률
(약칭 : 보호소년법)

[시행 2022. 2. 18.] [법률 제18425호, 2021. 8. 17., 타법개정]

제1장 총칙 〈개정 2007. 12. 21.〉

제1조(목적) 이 법은 보호소년 등의 처우 및 교정교육과 소년원과 소년분류심사원의 조직, 기능 및 운영에 관하여 필요한 사항을 규정함을 목적으로 한다.

[전문개정 2007. 12. 21.]

제1조의2(정의) 이 법에서 사용하는 용어의 뜻은 다음과 같다.

1. "보호소년"이란 「소년법」 제32조제1항제7호부터 제10호까지의 규정에 따라 가정법원소년부 또는 지방법원소년부(이하 "법원소년부"라 한다)로부터 위탁되거나 송치된 소년을 말한다.

2. "위탁소년"이란 「소년법」 제18조제1항제3호에 따라 법원소년부로부터 위탁된 소년을 말한다.

3. "유치소년"이란 「보호관찰 등에 관한 법률」 제42조제1항에 따라 유치(留置)된 소년을 말한다.

4. "보호소년등"이란 보호소년, 위탁소년 또는 유치소년을 말한다.

[본조신설 2020. 10. 20.]

제2조(처우의 기본원칙) ① 소년원장 또는 소년분류심사원장(이하 "원장"이라 한다)은 보호소년등을 처우할 때에 인권보호를 우선적으로 고려하여야 하며, 그들의 심신 발달 과정에 알맞은 환경을 조성하고 안정되고 규율있는 생활 속에서 보호소년등의 성장 가능성을 최대한으로 신장시킴으로써 사회적응력을 길러 건전한 청소년으로서 사회에 복귀할 수 있도록 하여야 한다. 〈개정 2013. 7. 30., 2020. 10. 20.〉

② 보호소년에게는 품행의 개선과 진보의 정도에 따라 점차 향상된 처우를 하여야 한다.

[전문개정 2007. 12. 21.]

[제5조에서 이동, 종전 제2조는 제3조로 이동 〈2020. 10. 20.〉]

제3조(임무) ① 소년원은 보호소년을 수용하여 교정교육을 하는 것을 임무로 한다. 〈개정 2013. 7. 30., 2020. 10. 20.〉

② 소년분류심사원은 다음 각 호의 임무를 수행한다. 〈개정 2013. 7. 30., 2020. 10. 20.〉

1. 위탁소년의 수용과 분류심사
2. 유치소년의 수용과 분류심사
3. 「소년법」 제12조에 따른 전문가 진단의 일환으로 법원소년부가 상담조사를 의뢰한 소년의 상담과 조사
4. 「소년법」 제49조의2에 따라 소년 피의사건에 대하여 검사가 조사를 의뢰한 소년의 품행 및 환경 등의 조사
5. 제1호부터 제4호까지의 규정에 해당되지 아니하는 소년으로서 소년원장이나 보호관찰소장이 의뢰한 소년의 분류심사

[전문개정 2007. 12. 21.]

[제2조에서 이동, 종전 제3조는 제4조로 이동 〈2020. 10. 20.〉]

제4조(관장 및 조직) ①소년원과 소년분류심사원은 법무부장관이 관장한다.

② 소년원과 소년분류심사원의 명칭, 위치, 직제(職制), 그 밖에 필요한 사항은 대통령령으로 정한다.

[전문개정 2007. 12. 21.]

[제3조에서 이동, 종전 제4조는 제5조로 이동 〈2020. 10. 20.〉]

제5조(소년원의 분류 등) ①법무부장관은 보호소년의 처우상 필요하다고 인정하면 대통령령으로 정하는 바에 따라 소년원을 초·중등교육, 직업능력개발훈련, 의료재활 등 기능별로 분류하여 운영하게 할 수 있다. 〈개정 2013. 7. 30.〉

② 법무부장관은 제1항에 따라 의료재활 기능을 전문적으로 수행하는 소년원을 의료재활소년원으로 운영한다. 〈개정 2020. 10. 20.〉

[전문개정 2007. 12. 21.]

[제목개정 2013. 7. 30.]

[제4조에서 이동, 종전 제5조는 제2조로 이동 〈2020. 10. 20.〉]

제6조(소년원 등의 규모 등) ① 신설하는 소년원 및 소년분류심사원은 수용정원이 150명 이내의 규모가 되도록 하여야 한다. 다만, 소년원 및 소년분류심사원의 기능·위치나 그 밖의 사정을 고려하여 그 규모를 증대할 수 있다.

② 보호소년등의 개별적 특성에 맞는 처우를 위하여 소년원 및 소년분류심사원에 두는 생활실은 대통령령으로 정하는 바에 따라 소

규모로 구성하여야 한다.

③ 소년원 및 소년분류심사원의 생활실이나 그 밖의 수용생활을 위한 설비는 그 목적과 기능에 맞도록 설치되어야 한다.

④ 소년원 및 소년분류심사원의 생활실은 보호소년등의 건강한 생활과 성장을 위하여 적정한 수준의 공간과 채광·통풍·난방을 위한 시설이 갖추어져야 한다.

[본조신설 2016. 3. 29.]

제2장 수용·보호 〈개정 2007. 12. 21.〉

제7조(수용절차) ① 보호소년등을 소년원이나 소년분류심사원에 수용할 때에는 법원소년부의 결정서, 법무부장관의 이송허가서 또는 지방법원 판사의 유치허가장에 의하여야 한다. 〈개정 2016. 3. 29.〉

② 원장은 새로 수용된 보호소년등에 대하여 지체 없이 건강진단과 위생에 필요한 조치를 하여야 한다.

③ 원장은 새로 수용된 보호소년등의 보호자나 보호소년등이 지정하는 자(이하 "보호자등"이라 한다)에게 지체 없이 수용 사실을 알려야 한다.

[전문개정 2007. 12. 21.]

제8조(분류처우) ① 원장은 보호소년등의 정신적·신체적 상황 등 개별적 특성을 고려하여 생활실을 구분하는 등 적합한 처우를 하여야 한다. 〈개정 2016. 3. 29.〉

② 보호소년등은 다음 각 호의 기준에 따라 분리 수용한다. 〈개정

2016. 3. 29., 2018. 9. 18.〉

1. 남성과 여성

2. 보호소년, 위탁소년 및 유치소년

③ 「소년법」 제32조제1항제7호의 처분을 받은 보호소년은 의료재활소년원에 해당하는 소년원에 수용하여야 한다. 〈신설 2013. 7. 30., 2020. 10. 20.〉

④ 원장은 보호소년등이 희망하거나 특별히 보호소년등의 개별적 특성에 맞는 처우가 필요한 경우 보호소년등을 혼자 생활하게 할 수 있다. 〈신설 2020. 10. 20.〉

[전문개정 2007. 12. 21.]

[제목개정 2016. 3. 29.]

제8조의2 삭제 〈2016. 3. 29.〉

제9조(보호처분의 변경 등) ① 소년원장은 보호소년이 다음 각 호의 어느 하나에 해당하는 경우에는 소년원 소재지를 관할하는 법원소년부에 「소년법」 제37조에 따른 보호처분의 변경을 신청할 수 있다.

1. 중환자로 판명되어 수용하기 위험하거나 장기간 치료가 필요하여 교정교육의 실효를 거두기가 어렵다고 판단되는 경우

2. 심신의 장애가 현저하거나 임신 또는 출산(유산·사산한 경우를 포함한다), 그 밖의 사유로 특별한 보호가 필요한 경우

3. 시설의 안전과 수용질서를 현저히 문란하게 하는 보호소년에 대한 교정교육을 위하여 보호기간을 연장할 필요가 있는 경우

② 소년분류심사원장은 위탁소년이 제1항 각 호의 어느 하나에 해당하는 경우에는 위탁 결정을 한 법원소년부에 「소년법」 제18조

에 따른 임시조치의 취소, 변경 또는 연장에 관한 의견을 제시할 수 있다.

③ 소년분류심사원장은 유치소년이 제1항제1호 또는 제2호에 해당하는 경우에는 유치 허가를 한 지방법원 판사 또는 소년분류심사원 소재지를 관할하는 법원소년부에 유치 허가의 취소에 관한 의견을 제시할 수 있다.

④ 제3항에 따른 의견 제시 후 지방법원 판사 또는 법원소년부 판사의 유치 허가 취소 결정이 있으면 소년분류심사원장은 그 유치소년을 관할하는 보호관찰소장에게 이를 즉시 통보하여야 한다.

⑤ 제1항에 따른 보호처분의 변경을 할 경우 보호소년이 19세 이상인 경우에도 「소년법」 제2조 및 제38조제1항에도 불구하고 같은 법 제2장의 보호사건 규정을 적용한다.

[전문개정 2016. 3. 29.]

제10조(원장의 면접) 원장은 보호소년등으로부터 처우나 일신상의 사정에 관한 의견을 듣기 위하여 수시로 보호소년등과 면접을 하여야 한다.

[전문개정 2007. 12. 21.]

제11조(청원) 보호소년등은 그 처우에 대하여 불복할 때에는 법무부장관에게 문서로 청원할 수 있다.

[전문개정 2007. 12. 21.]

제12조(이송) ①소년원장은 분류수용, 교정교육상의 필요, 그 밖의 이유로 보호소년을 다른 소년원으로 이송하는 것이 적당하다고 인정하면 법무부장관의 허가를 받아 이송할 수 있다. 〈개정 2013. 7. 30.〉

② 「소년법」 제32조제1항제7호의 처분을 받은 보호소년은 의료재활소년원에 해당하지 아니하는 소년원으로 이송할 수 없다. 〈신설 2013. 7. 30., 2020. 10. 20.〉

[전문개정 2007. 12. 21.]

제13조(비상사태 등의 대비) ① 원장은 천재지변이나 그 밖의 재난 또는 비상사태에 대비하여 계획을 수립하고 보호소년등에게 대피훈련 등 필요한 훈련을 실시하여야 한다.

② 원장은 천재지변이나 그 밖의 재난 또는 비상사태가 발생한 경우에 그 시설 내에서는 안전한 대피방법이 없다고 인정될 때에는 보호소년등을 일시적으로 적당한 장소로 긴급 이송할 수 있다.

[전문개정 2007. 12. 21.]

제14조(사고 방지 등) ① 원장은 보호소년등이 이탈, 난동, 폭행, 자해(自害), 그 밖의 사고를 일으킬 우려가 있을 때에는 이를 방지하는 데에 필요한 조치를 하여야 한다.

② 보호소년등이 소년원이나 소년분류심사원을 이탈하였을 때에는 그 소속 공무원이 재수용할 수 있다.

[전문개정 2007. 12. 21.]

제14조의2(보호장비의 사용) ① 보호장비의 종류는 다음 각 호와 같다. 〈개정 2013. 7. 30., 2016. 3. 29., 2020. 10. 20.〉

1. 수갑
2. 포승(捕繩)
3. 가스총
4. 전자충격기

5. 머리보호장비

6. 보호대(保護帶)

② 원장은 다음 각 호의 어느 하나에 해당하는 경우에는 소속 공무원으로 하여금 보호소년등에 대하여 수갑, 포승 또는 보호대를 사용하게 할 수 있다. 〈개정 2013. 7. 30., 2020. 10. 20.〉

1. 이탈ㆍ난동ㆍ폭행ㆍ자해ㆍ자살을 방지하기 위하여 필요한 경우

2. 법원 또는 검찰의 조사ㆍ심리, 이송, 그 밖의 사유로 호송하는 경우

3. 그 밖에 소년원ㆍ소년분류심사원의 안전이나 질서를 해칠 우려가 현저한 경우

③ 원장은 다음 각 호의 어느 하나에 해당하는 경우에는 소속 공무원으로 하여금 보호소년등에 대하여 수갑, 포승 또는 보호대 외에 가스총이나 전자충격기를 사용하게 할 수 있다. 〈신설 2013. 7. 30., 2016. 3. 29., 2020. 10. 20.〉

1. 이탈, 자살, 자해하거나 이탈, 자살, 자해하려고 하는 때

2. 다른 사람에게 위해를 가하거나 가하려고 하는 때

3. 위력으로 소속 공무원의 정당한 직무집행을 방해하는 때

4. 소년원ㆍ소년분류심사원의 설비ㆍ기구 등을 손괴하거나 손괴하려고 하는 때

5. 그 밖에 시설의 안전 또는 질서를 크게 해치는 행위를 하거나 하려고 하는 때

④ 제3항에 따라 가스총이나 전자충격기를 사용하려면 사전에 상대방에게 이를 경고하여야 한다. 다만, 상황이 급박하여 경고할 시

간적인 여유가 없는 때에는 그러하지 아니하다. 〈신설 2013. 7. 30.〉

⑤ 원장은 보호소년등이 자해할 우려가 큰 경우에는 소속 공무원으로 하여금 보호소년등에게 머리보호장비를 사용하게 할 수 있다. 〈신설 2016. 3. 29.〉

⑥ 보호장비는 필요한 최소한의 범위에서 사용하여야 하며, 보호장비를 사용할 필요가 없게 되었을 때에는 지체 없이 사용을 중지하여야 한다. 〈개정 2013. 7. 30., 2016. 3. 29.〉

⑦ 보호장비는 징벌의 수단으로 사용되어서는 아니 된다. 〈신설 2013. 7. 30., 2016. 3. 29.〉

⑧ 보호장비의 사용방법 및 관리에 관하여 필요한 사항은 법무부령으로 정한다. 〈개정 2013. 7. 30., 2016. 3. 29.〉

[본조신설 2007. 12. 21.]

[제목개정 2013. 7. 30.]

제14조의3(전자장비의 설치 · 운영) ① 소년원 및 소년분류심사원에는 보호소년등의 이탈 · 난동 · 폭행 · 자해 · 자살, 그 밖에 보호소년등의 생명 · 신체를 해치거나 시설의 안전 또는 질서를 해치는 행위(이하 이 조에서 "자해등"이라 한다)를 방지하기 위하여 필요한 최소한의 범위에서 전자장비를 설치하여 운영할 수 있다. 〈개정 2016. 3. 29.〉

② 보호소년등이 사용하는 목욕탕, 세면실 및 화장실에 전자영상장비를 설치하여 운영하는 것은 자해등의 우려가 큰 때에만 할 수 있다. 이 경우 전자영상장비로 보호소년등을 감호할 때에는 여성인

보호소년등에 대해서는 여성인 소속 공무원만, 남성인 보호소년등에 대해서는 남성인 소속 공무원만이 참여하여야 한다. 〈개정 2016. 3. 29.〉

③ 제1항 및 제2항에 따라 전자장비를 설치·운영할 때에는 보호소년등의 인권이 침해되지 아니하도록 하여야 한다. 〈개정 2016. 3. 29.〉

④ 전자장비의 종류·설치장소·사용방법 및 녹화기록물의 관리 등에 필요한 사항은 법무부령으로 정한다. 〈개정 2016. 3. 29.〉

[본조신설 2013. 7. 30.]

[제목개정 2016. 3. 29.]

제14조의4(규율 위반 행위) 보호소년등은 다음 각 호의 행위를 하여서는 아니 된다.

1. 「형법」, 「폭력행위 등 처벌에 관한 법률」, 그 밖의 형사 법률에 저촉되는 행위

2. 생활의 편의 등 자신의 요구를 관철할 목적으로 자해하는 행위

3. 소년원·소년분류심사원의 안전 또는 질서를 해칠 목적으로 단체를 조직하거나 그 단체에 가입하거나 다중을 선동하는 행위

4. 금지물품을 반입하거나 이를 제작·소지·사용·수수(授受)·교환 또는 은닉하는 행위

5. 정당한 사유 없이 교육 등을 거부하거나 게을리하는 행위

6. 그 밖에 시설의 안전과 질서 유지를 위하여 법무부령으로 정하는 규율을 위반하는 행위

[본조신설 2016. 3. 29.]

제15조(징계) ① 원장은 보호소년등이 제14조의4 각 호의 어느 하나에 해당하는 행위를 하면 제15조의2제1항에 따른 보호소년등처우·징계위원회의 의결에 따라 다음 각 호의 어느 하나에 해당하는 징계를 할 수 있다. 〈개정 2016. 3. 29., 2020. 10. 20.〉

1. 훈계
2. 원내 봉사활동
3. 서면 사과
4. 20일 이내의 텔레비전 시청 제한
5. 20일 이내의 단체 체육활동 정지
6. 20일 이내의 공동행사 참가 정지
7. 20일 이내의 기간 동안 지정된 실(室) 안에서 근신하게 하는 것

② 제1항제3호부터 제6호까지의 처분은 함께 부과할 수 있다. 〈신설 2016. 3. 29.〉

③ 제1항제7호의 처분은 14세 미만의 보호소년등에게는 부과하지 못한다. 〈신설 2016. 3. 29.〉

④ 원장은 제1항제7호의 처분을 받은 보호소년등에게 개별적인 체육활동 시간을 보장하여야 한다. 이 경우 매주 1회 이상 실외운동을 할 수 있도록 하여야 한다. 〈신설 2020. 10. 20.〉

⑤ 제1항제7호의 처분을 받은 보호소년등에게는 그 기간 중 같은 항 제4호부터 제6호까지의 처우 제한이 함께 부과된다. 다만, 원장은 보호소년등의 교화 또는 건전한 사회복귀를 위하여 특히 필요하다고 인정하면 텔레비전 시청, 단체 체육활동 또는 공동행사 참가를 허가할 수 있다. 〈신설 2016. 3. 29., 2020. 10. 20.〉

⑥ 소년원장은 보호소년이 제1항 각 호의 어느 하나에 해당하는 징계를 받은 경우에는 법무부령으로 정하는 기준에 따라 교정성적 점수를 빼야 한다. 〈개정 2016. 3. 29., 2020. 10. 20.〉

⑦ 징계는 당사자의 심신상황을 고려하여 교육적으로 하여야 한다. 〈개정 2016. 3. 29., 2020. 10. 20.〉

⑧ 원장은 보호소년등에게 제1항에 따라 징계를 한 경우에는 지체 없이 그 사실을 보호자에게 통지하여야 한다. 〈신설 2016. 3. 29., 2020. 10. 20.〉

⑨ 원장은 징계를 받은 보호소년등의 보호자와 상담을 할 수 있다. 〈신설 2016. 3. 29., 2020. 10. 20.〉

[전문개정 2007. 12. 21.]

제15조의2(보호소년등처우 · 징계위원회) ① 보호소년등의 처우에 관하여 원장의 자문에 응하게 하거나 징계대상자에 대한 징계를 심의 · 의결하기 위하여 소년원 및 소년분류심사원에 보호소년등처우 · 징계위원회를 둔다.

② 제1항에 따른 보호소년등처우 · 징계위원회(이하 "위원회"라 한다)는 위원장을 포함한 5명 이상 11명 이하의 위원으로 구성하고, 민간위원은 1명 이상으로 한다.

③ 위원회가 징계대상자에 대한 징계를 심의 · 의결하는 경우에는 1명 이상의 민간위원이 해당 심의 · 의결에 참여하여야 한다.

④ 위원회는 소년보호에 관한 학식과 경험이 풍부한 외부인사로부터 의견을 들을 수 있다.

⑤ 제1항부터 제4항까지에서 규정한 사항 외에 위원회의 구성과

운영 등에 필요한 사항은 대통령령으로 정한다.

⑥ 위원회의 위원 중 공무원이 아닌 사람은 「형법」 제127조 및 제129조부터 제132조까지의 규정을 적용할 때에는 공무원으로 본다.

[본조신설 2020. 10. 20.]

제16조(포상) ① 원장은 교정성적이 우수하거나 품행이 타인의 모범이 되는 보호소년등에게 포상을 할 수 있다.

② 원장은 제1항에 따라 포상을 받은 보호소년등에게는 특별한 처우를 할 수 있다.

[전문개정 2007. 12. 21.]

제17조(급여품 등) ① 보호소년등에게는 의류, 침구, 학용품, 그 밖에 처우에 필요한 물품을 주거나 대여한다.

② 보호소년등에게는 주식, 부식, 음료, 그 밖의 영양물을 제공하되, 그 양은 보호소년등이 건강을 유지하고 심신의 발육을 증진하는 데에 필요한 정도이어야 한다.

③ 제1항 및 제2항에 따른 급여품과 대여품의 종류와 수량의 기준은 법무부령으로 정한다.

[전문개정 2007. 12. 21.]

제18조(면회 · 편지 · 전화통화) ① 원장은 비행집단과 교제하고 있다고 의심할 만한 상당한 이유가 있는 경우 등 보호소년등의 보호 및 교정교육에 지장이 있다고 인정되는 경우 외에는 보호소년등의 면회를 허가하여야 한다. 다만, 제15조제1항제7호의 징계를 받은 보호소년등에 대한 면회는 그 상대방이 변호인이나 보조인(이하 “변호인

등"이라 한다) 또는 보호자인 경우에 한정하여 허가할 수 있다. 〈개정 2016. 3. 29.〉

② 보호소년등이 면회를 할 때에는 소속 공무원이 참석하여 보호소년등의 보호 및 교정교육에 지장이 없도록 지도할 수 있다. 이 경우 소속 공무원은 보호소년등의 보호 및 교정교육에 지장이 있다고 인정되는 경우에는 면회를 중지할 수 있다. 〈개정 2016. 3. 29.〉

③ 제2항 전단에도 불구하고 보호소년등이 변호인등과 면회를 할 때에는 소속 공무원이 참석하지 아니한다. 다만, 보이는 거리에서 보호소년등을 지켜볼 수 있다. 〈개정 2016. 3. 29.〉

④ 원장은 공동으로 비행을 저지른 관계에 있는 사람의 편지인 경우 등 보호소년등의 보호 및 교정교육에 지장이 있다고 인정되는 경우에는 보호소년등의 편지 왕래를 제한할 수 있으며, 편지의 내용을 검사할 수 있다. 〈개정 2016. 3. 29.〉

⑤ 제4항에도 불구하고 보호소년등이 변호인등과 주고받는 편지는 제한하거나 검사할 수 없다. 다만, 상대방이 변호인등임을 확인할 수 없는 때에는 예외로 한다. 〈개정 2016. 3. 29.〉

⑥ 원장은 공범 등 교정교육에 해가 된다고 인정되는 사람과의 전화통화를 제한하는 등 보호소년등의 보호 및 교정교육에 지장을 주지 아니하는 범위에서 가족 등과 전화통화를 허가할 수 있다. 〈신설 2013. 7. 30., 2016. 3. 29.〉

⑦ 제1항과 제2항에 따른 면회 허가의 제한과 면회 중지, 제4항에 따른 편지 왕래의 제한 및 제6항에 따른 전화통화의 제한 사유에 관한 구체적인 범위는 대통령령으로 정한다. 〈신설 2016. 3. 29.〉

⑧ 제6항에 따른 전화통화를 위하여 소년원 및 소년분류심사원에 설치하는 전화기의 운영에 필요한 사항은 법무부장관이 정한다. 〈신설 2016. 3. 29.〉

[전문개정 2007. 12. 21.]

[제목개정 2013. 7. 30.]

제19조(외출) 소년원장은 보호소년에게 다음 각 호의 어느 하나에 해당하는 사유가 있을 때에는 본인이나 보호자등의 신청에 따라 또는 직권으로 외출을 허가할 수 있다. 〈개정 2013. 7. 30.〉

1. 직계존속이 위독하거나 사망하였을 때
2. 직계존속의 회갑 또는 형제자매의 혼례가 있을 때
3. 천재지변이나 그 밖의 사유로 가정에 인명 또는 재산상의 중대한 피해가 발생하였을 때
4. 병역, 학업, 질병 등의 사유로 외출이 필요할 때
5. 그 밖에 교정교육상 특히 필요하다고 인정할 때

[전문개정 2007. 12. 21.]

제20조(환자의 치료) ① 원장은 보호소년등이 질병에 걸리면 지체 없이 적정한 치료를 받도록 하여야 한다.

② 원장은 소년원이나 소년분류심사원에서 제1항에 따른 치료를 하는 것이 곤란하다고 인정되면 외부 의료기관에서 치료를 받게 할 수 있다.

③ 원장은 보호소년등이나 그 보호자등이 자비(自費)로 치료받기를 원할 때에는 이를 허가할 수 있다.

④ 소년원 및 소년분류심사원에 근무하는 간호사는 「의료법」 제

27조에도 불구하고 야간 또는 공휴일 등 의사가 진료할 수 없는 경우 대통령령으로 정하는 경미한 의료행위를 할 수 있다. 〈신설 2020. 10. 20.〉

[전문개정 2007. 12. 21.]

제20조의2(진료기록부 등의 관리) ① 소년원 및 소년분류심사원에 근무하는 의사와 간호사는 보호소년등에 대한 진료기록부, 간호기록부, 그 밖의 진료에 관한 기록(이하 "진료기록부등"이라 한다)을 소년원과 소년분류심사원의 정보를 통합적으로 관리하기 위하여 법무부장관이 운영하는 정보시스템에 입력하여야 한다.

② 법무부장관은 진료기록부등을 법무부령으로 정하는 바에 따라 보존하여야 한다.

[본조신설 2020. 10. 20.]

제20조의3(출원생의 외래진료) ① 의료재활소년원장은 의료재활소년원 출원생(出院生)이 외래진료를 신청하는 경우 의료재활소년원에서 검사, 투약 등 적절한 진료 및 치료를 받도록 할 수 있다.

② 법무부장관은 의료재활소년원 출원생이 신청하는 경우 「치료감호 등에 관한 법률」 제16조의2제1항제2호에 따른 법무부장관이 지정하는 기관에서 외래진료를 받도록 할 수 있다. 이 경우 법무부장관은 예산의 범위에서 진료비용을 지원할 수 있다.

③ 제1항 및 제2항에 따른 외래진료의 기간과 방법 및 진료비용 지원 등에 필요한 사항은 법무부령으로 정한다.

[본조신설 2020. 10. 20.]

제21조(감염병의 예방과 응급조치) ① 원장은 소년원이나 소년분류

심사원에서 감염병이 발생하거나 발생할 우려가 있을 때에는 이에 대한 상당한 조치를 하여야 한다. 〈개정 2009. 12. 29.〉

② 원장은 보호소년등이 감염병에 걸렸을 때에는 지체 없이 격리 수용하고 필요한 응급조치를 하여야 한다. 〈개정 2009. 12. 29.〉

[전문개정 2007. 12. 21.]

[제목개정 2009. 12. 29.]

제22조(금품의 보관 및 반환) ① 원장은 보호소년등이 갖고 있던 금전, 의류, 그 밖의 물품을 보관하는 경우에는 이를 안전하게 관리하고 보호소년등에게 수령증을 내주어야 한다.

② 원장은 보호소년등의 퇴원, 임시퇴원, 사망, 이탈 등의 사유로 금품을 계속 보관할 필요가 없게 되었을 때에는 본인이나 보호자등에게 반환하여야 한다. 〈개정 2013. 7. 30.〉

③ 제2항에 따라 반환되지 아니한 금품은 퇴원, 임시퇴원, 사망, 이탈 등의 사유가 발생한 날부터 1년 이내에 본인이나 보호자등이 반환 요청을 하지 아니하면 국고에 귀속하거나 폐기한다. 〈개정 2013. 7. 30.〉

[전문개정 2007. 12. 21.]

제23조(친권 또는 후견) 원장은 미성년자인 보호소년등이 친권자나 후견인이 없거나 있어도 그 권리를 행사할 수 없을 때에는 법원의 허가를 받아 그 보호소년등을 위하여 친권자나 후견인의 직무를 행사할 수 있다.

[전문개정 2007. 12. 21.]

제3장 분류심사 〈개정 2007. 12. 21.〉

제24조(분류심사) ① 분류심사는 제3조제2항에 해당하는 소년의 신체, 성격, 소질, 환경, 학력 및 경력 등에 대한 조사를 통하여 비행 또는 범죄의 원인을 규명하여 심사대상인 소년의 처우에 관하여 최선의 지침을 제시함을 목적으로 한다. 〈개정 2020. 10. 20.〉

② 분류심사를 할 때에는 심리학 · 교육학 · 사회학 · 사회복지학 · 범죄학 · 의학 등의 전문적인 지식과 기술에 근거하여 보호소년등의 신체적 · 심리적 · 환경적 측면 등을 조사 · 판정하여야 한다.

[전문개정 2007. 12. 21.]

제25조(분류심사관) ① 제3조제2항에 따른 임무를 수행하기 위하여 소년분류심사원에 분류심사관을 둔다. 〈개정 2020. 10. 20.〉

② 분류심사관은 제24조제2항에 따른 학문적 소양과 전문지식을 갖추어야 한다.

[전문개정 2007. 12. 21.]

제26조(청소년심리검사 등) 소년분류심사원장은 「청소년기본법」 제3조제1호에 따른 청소년이나 그 보호자가 적성검사 등 진로탐색을 위한 청소년심리검사 또는 상담을 의뢰하면 이를 할 수 있다. 이 경우에는 법무부장관이 정하는 바에 따라 실비를 받을 수 있다.

[전문개정 2007. 12. 21.]

제27조(분류심사 결과 등의 통지) ① 소년분류심사원장은 제3조제2항제1호부터 제4호까지의 규정에 따른 분류심사 또는 조사 결과와 의견 등을 각각 법원소년부 또는 검사에게 통지하여야 한다. 〈개정 2013. 7. 30., 2020. 10. 20.〉

② 소년분류심사원장은 제3조제2항제1호부터 제3호까지에 규정된 소년이 보호처분의 결정을 받으면 그 소년의 분류심사 결과 및 의견 또는 상담조사 결과 및 의견을 지체 없이 그 처분을 집행하는 소년원이나 보호관찰소에서 정보시스템으로 열람할 수 있도록 통지하여야 한다. 〈개정 2013. 7. 30., 2020. 10. 20.〉

③ 소년분류심사원장은 제3조제2항제5호에 따른 분류심사 또는 제26조에 따른 청소년심리검사 등을 하였을 때에는 그 결과를 각각 분류심사 또는 심리검사 등을 의뢰한 자에게 통지하고 필요한 의견을 제시할 수 있다. 〈개정 2013. 7. 30., 2020. 10. 20.〉

[전문개정 2007. 12. 21.]

제4장 교정교육 등 〈개정 2007. 12. 21.〉

제28조(교정교육의 원칙) 소년원의 교정교육은 규율있는 생활 속에서 초·중등교육, 직업능력개발훈련, 인성교육, 심신의 보호·지도 등을 통하여 보호소년이 전인적인 성장·발달을 이루고 사회생활에 원만하게 적응할 수 있도록 하여야 한다.

[전문개정 2007. 12. 21.]

제29조(학교의 설치·운영) 법무부장관은 대통령령으로 정하는 바에 따라 소년원에 「초·중등교육법」 제2조제1호부터 제4호까지의 학교(이하 "소년원학교"라 한다)를 설치·운영할 수 있다. 〈개정 2016. 3. 29.〉

[전문개정 2007. 12. 21.]

제29조의2(「초·중등교육법」에 관한 특례) ① 소년원학교에 대하여

는 「초·중등교육법」 제4조, 제10조, 제11조, 제18조, 제18조의2, 제30조의2, 제30조의3, 제31조, 제31조의2, 제32조부터 제34조까지, 제34조의2 및 제63조부터 제65조까지의 규정을 적용하지 아니한다. 〈개정 2013. 7. 30., 2016. 3. 29.〉

② 소년원학교에 대하여 「초·중등교육법」 제6조부터 제9조까지의 규정을 적용할 때에는 "교육부장관"을 "법무부장관"으로 본다. 〈개정 2011. 4. 5., 2013. 3. 23.〉

③ 교육부장관은 「교육기본법」 및 「초·중등교육법」에 관한 사항(제1항에 따라 적용이 배제되는 사항은 제외한다)에 대하여 법무부장관에게 필요한 권고를 할 수 있으며, 법무부장관은 정당한 사유를 제시하지 아니하는 한 이에 따라야 한다. 〈개정 2011. 4. 5., 2013. 3. 23.〉

[전문개정 2007. 12. 21.]

제29조의3(「학교폭력예방 및 대책에 관한 법률」에 관한 특례) 소년원학교에 대해서는 「학교폭력예방 및 대책에 관한 법률」 제12조부터 제16조까지, 제16조의2, 제17조, 제17조의2 및 제18조부터 제20조까지의 규정을 적용하지 아니한다.

[본조신설 2016. 3. 29.]

제30조(교원 등) ① 소년원학교에는 「초·중등교육법」 제21조제2항에 따른 자격을 갖춘 교원을 두되, 교원은 일반직공무원으로 임용할 수 있다.

② 제1항에 따라 일반직공무원으로 임용된 교원의 경력·연수 및 직무 수행 등에 관하여 필요한 사항은 대통령령으로 정한다. 이 경

우 「교육기본법」 및 「교육공무원법」에 따라 임용된 교원과 동등한 처우를 받도록 하여야 한다.

③ 제1항과 제2항에도 불구하고 소년원학교의 교장(이하 "소년원학교장"이라 한다)은 소년원학교가 설치된 소년원의 장이, 교감은 그 소년원의 교육과정을 총괄하는 부서의 장으로서 대통령령으로 정하는 자가 겸직할 수 있다.

④ 소년원학교장은 소년원학교의 교육과정을 원활하게 운영하기 위하여 필요하면 관할 교육청의 장에게 소년원학교 교사와 다른 중·고등학교 교사간 교환수업 등 상호 교류협력을 요청할 수 있다.

[전문개정 2007. 12. 21.]

제31조(학적관리) ① 보호소년이 소년원학교에 입교하면 「초·중등교육법」에 따라 입학·전학 또는 편입학한 것으로 본다.

② 「초·중등교육법」 제2조의 학교에서 재학하던 중 소년분류심사원에 위탁되거나 유치된 소년 및 「소년법」 제32조제1항제8호의 처분을 받은 소년의 수용기간은 그 학교의 수업일수로 계산한다. 〈개정 2013. 7. 30.〉

③ 소년원학교장은 보호소년이 입교하면 그 사실을 보호소년이 최종적으로 재학했던 학교[이하 "전적학교(前籍學校)"라 한다]의 장에게 통지하고 그 보호소년의 학적에 관한 자료를 보내줄 것을 요청할 수 있다.

④ 제3항에 따른 요청을 받은 전적학교의 장은 교육의 계속성을 유지하는 데에 필요한 학적사항을 지체 없이 소년원학교장에게 보내야 한다.

[전문개정 2007. 12. 21.]

제32조(다른 학교로의 전학ㆍ편입학) 보호소년이 소년원학교에서 교육과정을 밟는 중에 소년원에서 퇴원하거나 임시퇴원하여 전적학교 등 다른 학교에 전학이나 편입학을 신청하는 경우 전적학교 등 다른 학교의 장은 정당한 사유를 제시하지 아니하는 한 이를 허가하여야 한다.

[전문개정 2007. 12. 21.]

제33조(통학) 소년원장은 교정성적이 양호한 보호소년의 원활한 학업 연계를 위하여 필요하다고 판단되면 보호소년을 전적학교 등 다른 학교로 통학하게 할 수 있다.

[전문개정 2007. 12. 21.]

제34조(전적학교의 졸업장 수여) ① 소년원학교에서 교육과정을 마친 보호소년이 전적학교의 졸업장 취득을 희망하는 경우 소년원학교장은 전적학교의 장에게 학적사항을 통지하고 졸업장의 발급을 요청할 수 있다.

② 제1항에 따른 요청을 받은 전적학교의 장은 정당한 사유를 제시하지 아니하는 한 졸업장을 발급하여야 한다. 이 경우 그 보호소년에 관한 소년원학교의 학적사항은 전적학교의 학적사항으로 본다.

[전문개정 2007. 12. 21.]

제35조(직업능력개발훈련) ① 소년원의 직업능력개발훈련은 「국민 평생 직업능력 개발법」으로 정하는 바에 따른다. 〈개정 2021. 8. 17.〉

② 소년원장은 법무부장관의 허가를 받아 산업체의 기술지원이나

지원금으로 직업능력개발훈련을 실시하거나 소년원 외의 시설에서 직업능력개발훈련을 실시할 수 있다.

③ 고용노동부장관은 보호소년의 직업능력개발훈련에 관하여 법무부장관에게 필요한 권고를 할 수 있다. 〈개정 2010. 6. 4.〉

[전문개정 2007. 12. 21.]

第36조(직업능력개발훈련교사) 직업능력개발훈련을 실시하는 소년원에는 「국민 평생 직업능력 개발법」으로 정한 자격을 갖춘 직업능력개발훈련교사를 둔다. 〈개정 2021. 8. 17.〉

[전문개정 2007. 12. 21.]

第37조(통근취업) ① 소년원장은 보호소년이 직업능력개발훈련과정을 마쳤을 때에는 산업체에 통근취업하게 할 수 있다.

② 소년원장은 보호소년이 제1항에 따라 취업을 하였을 때에는 해당 산업체로 하여금 「근로기준법」을 지키게 하고, 보호소년에게 지급되는 보수는 전부 본인에게 지급하여야 한다.

[전문개정 2007. 12. 21.]

第38조(안전관리) ① 소년원장은 직업능력개발훈련을 실시할 때 보호소년에게 해롭거나 위험한 일을 하게 하여서는 아니 된다.

② 소년원장은 직업능력개발훈련을 실시할 때 기계, 기구, 재료, 그 밖의 시설 등에 의하여 보호소년에게 위해가 발생할 우려가 있으면 이를 방지하는 데에 필요한 조치를 하여야 한다.

[전문개정 2007. 12. 21.]

第39조(생활지도) 원장은 보호소년등의 자율성을 높이고 각자가 당면한 문제를 스스로 해결하여 사회생활에 적응할 수 있는 능력을 기르도록 생활지도를 하여야 한다.

[전문개정 2007. 12. 21.]

제40조(특별활동) 소년원장은 보호소년의 취미와 특기를 신장하고 집단생활의 경험을 통하여 민주적이고 협동적인 생활태도를 기르도록 특별활동지도를 하여야 한다.

[전문개정 2007. 12. 21.]

제41조(교육계획 등) ① 소년원장은 보호소년의 연령, 학력, 적성, 진로, 교정의 난이도 등을 고려하여 치우과정을 정하고 교정목표를 조기에 달성할 수 있도록 교육계획을 수립 · 시행하여야 한다.

② 소년원장은 제1항의 교육계획에 따른 교육과정을 운영하고 법무부장관이 정하는 바에 따라 그 결과를 평가하여 출원(出院), 포상 등 보호소년의 처우에 반영할 수 있다.

[전문개정 2007. 12. 21.]

제42조(장학지도) 법무부장관은 교정교육 성과를 평가하고 개선하기 위하여 소속 공무원으로 하여금 장학지도를 하게 할 수 있다.

[전문개정 2007. 12. 21.]

제42조의2(대안교육 및 비행예방 등) ① 소년원 및 소년분류심사원은 청소년 등에게 비행예방 및 재범방지 또는 사회적응을 위한 체험과 인성 위주의 교육을 실시하기 위하여 다음 각 호의 교육과정(이하 "대안교육과정"이라 한다)을 운영한다.

1. 「소년법」 제32조의2제1항에 따라 법원소년부 판사가 명한 대안교육

2. 「소년법」 제49조의3제2호에 따라 검사가 의뢰한 상담 · 교육 ·

활동 등

3. 「초ㆍ중등교육법」 제18조에 따른 징계대상인 학생으로서 각급 학교의 장이 의뢰한 소년의 교육

4. 「학교폭력예방 및 대책에 관한 법률」 제15조제3항에 따른 학교폭력 예방교육과 같은 법 제17조에 따른 가해학생 및 보호자 특별교육

② 원장은 행정기관, 지방자치단체, 학교, 그 밖의 단체 등과 협력하여 지역사회의 청소년 비행을 예방하기 위하여 적극 노력하여야 한다.

③ 대안교육과정의 운영에 필요한 사항은 법무부령으로 정한다.

[전문개정 2013. 7. 30.]

제42조의3(보호자교육) ① 소년원과 소년분류심사원은 「소년법」 제32조의2제3항에 따라 교육명령을 받은 보호자 또는 보호소년등의 보호자를 대상으로 역할개선 중심의 보호자교육과정을 운영한다.

② 제1항에 따른 보호자교육의 절차 및 방법 등에 관하여 필요한 사항은 대통령령으로 정한다.

[전문개정 2007. 12. 21.]

제5장 출원 〈개정 2007. 12. 21.〉

제43조(퇴원) ① 소년원장은 보호소년이 22세가 되면 퇴원시켜야 한다.

② 소년원장은 「소년법」 제32조제1항제8호 또는 같은 법 제33조제1항ㆍ제5항ㆍ제6항에 따라 수용상한기간에 도달한 보호소년은 즉

시 퇴원시켜야 한다. 〈개정 2013. 7. 30.〉

③ 소년원장은 교정성적이 양호하며 교정의 목적을 이루었다고 인정되는 보호소년(「소년법」 제32조제1항제8호에 따라 송치된 보호소년은 제외한다)에 대하여는 「보호관찰 등에 관한 법률」에 따른 보호관찰심사위원회에 퇴원을 신청하여야 한다. 〈개정 2016. 3. 29.〉

④ 위탁소년 또는 유치소년의 소년분류심사원 퇴원은 법원소년부의 결정서에 의하여야 한다. 〈개정 2013. 7. 30.〉

[전문개정 2007. 12. 21.]

제44조(임시퇴원) 소년원장은 교정성적이 양호한 자 중 보호관찰의 필요성이 있다고 인정되는 보호소년(「소년법」 제32조제1항제8호에 따라 송치된 보호소년은 제외한다)에 대하여는 「보호관찰 등에 관한 법률」 제22조제1항에 따라 보호관찰심사위원회에 임시퇴원을 신청하여야 한다. 〈개정 2016. 3. 29.〉

[전문개정 2007. 12. 21.]

제44조의2(보호소년의 출원) 소년원장은 제43조제3항 및 제44조의 신청에 대하여 「보호관찰 등에 관한 법률」 제25조에 따른 법무부장관의 퇴원·임시퇴원 허가를 통보받으면 해당 허가서에 기재되어 있는 출원예정일에 해당 보호소년을 출원시켜야 한다. 다만, 제46조에 따라 계속 수용하는 경우(제45조제3항의 경우를 포함한다)에는 그러하지 아니하다.

[본조신설 2016. 3. 29.]

제45조(보호소년의 인도) ① 소년원장은 보호소년의 퇴원 또는 임시퇴원이 허가되면 지체 없이 보호자등에게 보호소년의 인도에 관하여

알려야 한다.

② 소년원장은 퇴원 또는 임시퇴원이 허가된 보호소년을 보호자등에게 직접 인도하여야 한다. 다만, 보호소년의 보호자등이 없거나 제44조의2 본문에 따른 출원예정일부터 10일 이내에 보호자등이 인수하지 아니하면 사회복지단체, 독지가, 그 밖의 적당한 자에게 인도할 수 있다. 〈개정 2016. 3. 29.〉

③ 제2항 단서에 따라 사회복지단체 등에 인도되기 전까지의 보호소년에 대해서는 제46조제1항에 따른 계속 수용에 준하여 처우한다. 〈신설 2016. 3. 29.〉

[전문개정 2007. 12. 21.]

제45조의2(사회정착지원) ① 원장은 출원하는 보호소년등의 성공적인 사회정착을 위하여 장학·원호·취업알선 등 필요한 지원을 할 수 있다. 〈개정 2016. 3. 29.〉

② 제1항에 따른 사회정착지원(이하 이 조에서 “사회정착지원”이라 한다)의 기간은 6개월 이내로 하되, 6개월 이내의 범위에서 한 번에 한하여 그 기간을 연장할 수 있다. 〈개정 2016. 3. 29.〉

③ 원장은 제51조에 따른 소년보호협회 및 제51조의2에 따른 소년보호위원에게 사회정착지원에 관한 협조를 요청할 수 있다. 〈개정 2016. 3. 29.〉

④ 사회정착지원의 절차와 방법 등에 관하여 필요한 사항은 법무부령으로 정한다. 〈개정 2016. 3. 29.〉

[전문개정 2007. 12. 21.]

[제목개정 2016. 3. 29.]

제46조(퇴원자 또는 임시퇴원자의 계속 수용) ① 퇴원 또는 임시퇴원이 허가된 보호소년이 질병에 걸리거나 본인의 편익을 위하여 필요하면 본인의 신청에 의하여 계속 수용할 수 있다.

② 소년원장은 제1항에 따른 계속 수용의 사유가 소멸되면 지체 없이 보호소년을 보호자등에게 인도하여야 한다.

③ 소년원장은 제1항에 따라 임시퇴원이 허가된 보호소년을 계속 수용할 때에는 그 사실을 보호관찰소장에게 통지하여야 한다.

[전문개정 2007. 12. 21.]

제47조(물품 또는 귀가여비의 지급) 소년원장은 보호소년이 퇴원허가 또는 임시퇴원허가를 받거나 「소년법」 제37조제1항에 따라 처분변경 결정을 받았을 때에는 필요한 경우 물품 또는 귀가여비를 지급할 수 있다.

[전문개정 2007. 12. 21.]

제48조(임시퇴원 취소자의 재수용) ① 소년원장은 「보호관찰 등에 관한 법률」 제48조에 따라 임시퇴원이 취소된 자는 지체 없이 재수용하여야 한다.

② 제1항에 따라 재수용된 자의 수용기간은 수용상한기간 중 남은 기간으로 한다.

③ 제1항에 따라 재수용된 자는 새로 수용된 보호소년에 준하여 처우를 한다.

[전문개정 2007. 12. 21.]

제6장 보칙 〈개정 2007. 12. 21.〉

제49조(방문 허가 등) ① 보호소년등에 대한 지도, 학술연구, 그 밖의 사유로 소년원이나 소년분류심사원을 방문하려는 자는 그 대상 및 사유를 구체적으로 밝혀 원장의 허가를 받아야 한다.

② 소년원이나 소년분류심사원을 방문하지 아니하고 설문조사를 하려는 자는 미리 그 내용을 원장과 협의하여야 한다.

[전문개정 2013. 7. 30.]

제50조(협조 요청) ① 원장은 제3조에 따른 교정교육, 분류심사 또는 조사에 특히 필요하다고 인정하면 행정기관, 학교, 병원, 그 밖의 단체에 대하여 필요한 협조를 요청할 수 있다. 〈개정 2013. 7. 30., 2020. 10. 20.〉

② 제1항의 요청을 거절할 때에는 정당한 이유를 제시하여야 한다.

[전문개정 2007. 12. 21.]

제50조의2(청소년심리상담실) ① 소년분류심사원장은 제26조에 따른 업무를 처리하기 위하여 청소년심리상담실을 설치·운영할 수 있다.

② 제1항에 따른 청소년심리상담실의 설치와 운영에 필요한 사항은 법무부령으로 정한다.

[전문개정 2007. 12. 21.]

제51조(소년보호협회) ① 보호소년등을 선도하기 위하여 법무부장관 감독하에 소년 선도에 관하여 학식과 경험이 풍부한 인사로 구성되는 소년보호협회를 둘 수 있다.

② 소년보호협회의 설치, 조직, 그 밖의 운영에 필요한 사항은 대

통령령으로 정한다.

③ 국가는 소년보호협회에 보조금을 지급할 수 있다.

④ 국가는 보호소년등의 교정교육과 사회복귀 지원 및 청소년 비행예방을 위하여 필요하다고 인정하는 경우에는 「국유재산법」에도 불구하고 소년보호협회에 소년원, 소년분류심사원 및 「보호관찰 등에 관한 법률」 제14조에 따른 보호관찰소의 시설, 그 밖에 대통령령으로 정하는 국유재산을 무상으로 대부하거나 사용허가할 수 있다. 〈신설 2010. 5. 4., 2016. 3. 29.〉

⑤ 제4항에 따라 국유재산을 무상으로 대부하거나 사용허가하는 경우 그 기간은 「국유재산법」 제35조제1항 또는 같은 법 제46조제1항에서 정하는 바에 따른다. 〈신설 2016. 3. 29.〉

⑥ 제5항의 대부기간 또는 사용허가기간이 끝난 국유재산에 대해서는 그 대부기간 또는 사용허가기간을 초과하지 아니하는 범위에서 종전의 대부계약 또는 사용허가를 갱신할 수 있다. 〈신설 2016. 3. 29.〉

⑦ 국가나 지방자치단체는 소년보호협회에 대하여 「조세특례제한법」 및 「지방세특례제한법」에서 정하는 바에 따라 국세 또는 지방세를 감면할 수 있다. 〈신설 2016. 3. 29.〉

[전문개정 2007. 12. 21.]

[법률 제14105호(2016. 3. 29.) 제51조제4항부터 제6항까지의 개정규정은 같은 법 부칙 제2조의 규정에 의하여 2024년 12월 31일까지 유효함]

제51조의2(소년보호위원) ① 보호소년등의 교육 및 사후지도를 지원

하기 위하여 소년보호위원을 둘 수 있다.

② 소년보호위원은 명예직으로 하며, 법무부장관이 위촉한다.

③ 소년보호위원에게는 예산의 범위에서 직무수행에 필요한 비용의 전부 또는 일부를 지급할 수 있다. 〈신설 2013. 7. 30.〉

④ 소년보호위원의 위촉·해촉 및 자치조직 등에 관하여 필요한 사항은 법무부령으로 정한다. 〈개정 2013. 7. 30.〉

[전문개정 2007. 12. 21.]

第52条(소년분류심사원이 설치되지 아니한 지역에서의 소년분류심사원의 임무수행) 소년분류심사원이 설치되지 아니한 지역에서는 소년분류심사원이 설치될 때까지 소년분류심사원의 임무는 소년원이 수행하고, 위탁소년 및 유치소년은 소년원의 구획된 장소에 수용한다. 〈개정 2013. 7. 30.〉

[전문개정 2007. 12. 21.]

第53条(기부금품의 접수) ① 원장은 기관·단체 또는 개인이 보호소년등에 대한 적절한 처우, 학업 지원 및 보호소년등의 사회 정착 등을 위하여 소년원이나 소년분류심사원에 자발적으로 기탁하는 금품을 접수할 수 있다.

② 기부자에 대한 영수증 발급, 기부금품의 용도 지정, 장부의 열람, 그 밖에 필요한 사항은 대통령령으로 정한다.

[본조신설 2014. 1. 7.]

第54条(범죄경력자료 등의 조회 요청) ① 법무부장관은 제43조제1항 및 제2항에 따라 소년원에서 퇴원한 보호소년의 재범 여부를 조사하고 소년원 교정교육의 효과를 평가하기 위하여 보호소년이 같은

조 제1항 및 제2항에 따라 퇴원한 때부터 3년 동안 관계 기관에 그 소년에 관한 범죄경력자료와 수사경력자료에 대한 조회를 요청할 수 있다.

② 제1항의 요청을 받은 관계 기관의 장은 정당한 사유 없이 이를 거부해서는 아니 된다.

[본조신설 2020. 10. 20.]

부칙 〈제4058호, 1988. 12. 31.〉

이 법은 1989년 7월 1일부터 시행한다.

부칙 〈제4268호, 1990. 12. 27.〉 (정부조직법)

제1조 (시행일) 이 법은 공포한 날부터 시행한다. 〈단서 생략〉

제2조 생략

제3조 생략

제4조 (문교부의 명칭변경에 따른 다른 법률의 개정) ①생략

②소년원법중 다음과 같이 개정한다.

제29조 제5항중 "문교부장관"을 "교육부장관"으로 한다.

③내지 ㊿생략

제5조 생략

제6조 생략

제7조 생략

제8조 생략

제9조 생략

제10조 생략

부칙 〈제4929호, 1995. 1. 5.〉

제1조 (시행일) 이 법은 공포한 날부터 시행한다.

제2조 (다른 법률의 개정) ①소년법중 다음과 같이 개정한다.

제12조 중 "소년감별소의 감별결과"를 "소년분류심사원의 분류심사결과"로 한다.

제18조 제1항제3호 및 제5항중 "소년감별소"를 각각 "소년분류심사원"으로 한다.

제35조 중 "소년감별소"를 "소년분류심사원"으로 한다.

②사법경찰관리의직무를행할자와그직무범위에관한법률중 다음과 같이 개정한다.

제3조의 `제목중 "소년감별소장"을 "소년분류심사원장"으로 하고, 동조제2항중 "소년감별소 또는 그 지소의 장"을 "소년분류심사원 또는 그 지원의 장"으로 "소년감별소 또는 그 지소"를 "소년분류심사원 또는 그 지원"으로 한다.

제5조 제2호중 "소년감별소 또는 그 지소의 장"을 "소년분류심사원 또는 그 지원의 장"으로 한다.

제6조 제2호중 "소년감별소 또는 그 지소"를 "소년분류심사원 또는 그 지원"으로 한다.

부칙 〈제5069호, 1995. 12. 29.〉 (교육법)

제1조 (시행일) 이 법은 1996년 3월 1일부터 시행한다.

제2조 생략

제3조 (다른 법률의 개정등) ①내지 ④생략

⑤소년원법중 다음과 같이 개정한다.

제29조 제3항중 “국민학교”를 “초등학교”로 한다.

⑥내지 ⑮생략

제4조 생략

부칙 〈제5178호, 1996. 12. 12.〉 (보호관찰등에관한법률)

제1조 (시행일) 이 법은 1997년 1월 1일부터 시행한다.

제2조 생략

제3조 생략

제4조 생략

제5조 (다른 법률의 개정등) ①소년원법중 다음과 같이 개정한다.

제44조 중 “보호관찰등에관한법률제28조제1항”을 “보호관찰등에관한법률 제22조제1항”으로 한다.

제48조 중 “보호관찰등에관한법률 제51조”를 “보호관찰등에관한법률 제48조”로 한다.

②생략

부칙 〈제5474호, 1997. 12. 24.〉 (근로자직업훈련촉진법)

제1조 (시행일) 이 법은 1999년 1월 1일부터 시행한다.

제2조 생략

제3조 생략

제4조 생략

제5조 생략

제6조 생략

제7조 생략

제8조 ①내지 ⑧생략

⑨소년원법중 다음과 같이 개정한다.

제35조의 제목, 동조제1항 및 제2항중“직업훈련”을 각각“직업능력개발훈련”으로 하고, 동조제1항 및 제3항중“직업훈련기본법”을 각각 “근로자직업훈련촉진법”으로 한다.

제36조 를 다음과 같이 한다.

제36조 (직업능력개발훈련교사) 직업능력개발훈련을 실시하는 소년원에는 근로자직업훈련촉진법이 정한 자격을 갖춘 직업능력개발훈련교사를 둔다.

⑩내지 ⑫생략

제9조 생략

부칙 〈제6400호, 2001. 1. 29.〉 (정부조직법)

제1조 (시행일) 이 법은 공포한 날부터 시행한다. 〈단서 생략〉

제2조 생략

제3조 (다른 법률의 개정) ①내지 ㊸생략

㊹소년원법중 다음과 같이 개정한다.

제29조제5항중 “교육부장관”을 “교육인적자원부장관”으로 한다.

㊺내지 〈79〉생략

제4조 생략

부칙 〈제7076호, 2004. 1. 20.〉

이 법은 공포후 3월이 경과한 날부터 시행한다.

부칙 〈제8723호, 2007. 12. 21.〉

제1조 (시행일) 이 법은 공포 후 6개월이 경과한 날부터 시행한다.

제2조 (퇴원 신청에 관한 적용례) 제43조의 개정규정에 따른 퇴원 신청은 이 법 시행 후 최초로 소년원 송치처분을 받은 보호소년부터 적용한다.

제3조 (소년보호위원에 대한 경과조치) 이 법 시행 당시 종전의 규정에 따른 보호소년지도위원은 이 법에 따른 소년보호위원으로 본다.

제4조 (다른 법률의 개정) ① 보호관찰등에관한법률 일부를 다음과 같이 개정한다.

제3조제1항제3호, 제6조제2호, 제3장제3절의 제목, 제22조의 제목, 같은 조 제1항, 제23조의 제목, 같은 조 제1항 · 제2항, 제25조, 제29조제1항, 제30조제4호, 제42조제1항제2호, 제48조의 제목, 같은 조 제1항 · 제2항, 제50조제2항, 제51조제1항제3호 및 제53조제1항 중 "가퇴원"을 각각 "임시퇴원"으로 한다.

② 약사법 일부를 다음과 같이 개정한다.

제23조제4항제10호 중 "「소년원법」"을 "「보호소년 등의 처우에 관한 법률」"로 한다.

제5조 (다른 법령과의 관계) 이 법 시행 당시 다른 법령에서 종전의 「소년원법」이나 그 규정을 인용한 경우에 이 법 가운데 그에 해당하는 규정이 있으면 종전의 규정을 갈음하여 이 법이나 이 법의 해당 조항을 인용한 것으로 본다.

부칙 〈제9847호, 2009. 12. 29.〉 (감염병의 예방 및 관리에 관한 법률)

제1조(시행일) 이 법은 공포 후 1년이 경과한 날부터 시행한다.

제2조 부터 제20조까지 생략

제21조(다른 법률의 개정) ① 부터 ⑥ 까지 생략

⑦ 보호소년 등의 처우에 관한 법률 일부를 다음과 같이 개정한다.

제21조의 제목 중 "전염병"을 "감염병"으로 하고, 같은 조 제1항 및 제2항 중 "전염병"을 각각 "감염병"으로 한다.

⑧ 부터 ㉚ 까지 생략

제22조 생략

부칙 〈제10274호, 2010. 5. 4.〉

이 법은 공포한 날부터 시행한다.

부칙 〈제10339호, 2010. 6. 4.〉 (정부조직법)

제1조(시행일) 이 법은 공포 후 1개월이 경과한 날부터 시행한다. 〈단서 생략〉

제2조 및 제3조 생략

제4조(다른 법률의 개정) ① 부터 ㊷ 까지 생략

㊸ 보호소년 등의 처우에 관한 법률 일부를 다음과 같이 개정한다.

제35조제3항 중 "노동부장관"을 "고용노동부장관"으로 한다.

㊹ 부터 〈82〉 까지 생략

제5조 생략

부칙 〈제10541호, 2011. 4. 5.〉

이 법은 공포한 날부터 시행한다.

부칙 〈제11690호, 2013. 3. 23.〉 (정부조직법)

제1조(시행일) ① 이 법은 공포한 날부터 시행한다.

② 생략

제2조 부터 제5조까지 생략

제6조(다른 법률의 개정) ①부터 〈123〉까지 생략

〈124〉 보호소년 등의 처우에 관한 법률 일부를 다음과 같이 개정한다.

제29조의2제2항 및 제3항 중 "교육과학기술부장관"을 각각 "교육부장관"으로 한다.

〈125〉부터 〈710〉까지 생략

제7조 생략

부칙 〈제11953호, 2013. 7. 30.〉

이 법은 공포 후 6개월이 경과한 날부터 시행한다.

부칙 〈제12190호, 2014. 1. 7.〉

이 법은 공포 후 6개월이 경과한 날부터 시행한다.

부칙 〈제14105호, 2016. 3. 29.〉

제1조(시행일) 이 법은 공포 후 6개월이 경과한 날부터 시행한다.

제2조(국유재산특례의 유효기간) 제51조제4항부터 제6항까지의 개정규정은 2024년 12월 31일까지 효력을 가진다.

제3조(보호처분의 변경 대상자 범위에 관한 적용례) 제9조제5항의 개정규정은 이 법 시행 당시 보호처분의 변경 절차가 진행 중인 사건에 대해서도 적용한다.

제4조(보호소년등의 징계에 관한 적용례) 제15조의 개정규정은 이 법 시행 전에 행하여진 규율 위반 행위에 대해서도 적용한다.

제5조(보호소년등에 대한 면회 제한에 관한 적용례) 제18조제1항 단서의 개정규정은 이 법 시행 후 제15조제1항제7호의 처분을 받은 경우부터 적용한다.

부칙 〈제15754호, 2018. 9. 18.〉

이 법은 공포한 날부터 시행한다.

부칙 〈제17505호, 2020. 10. 20.〉

제1조(시행일) 이 법은 공포 후 6개월이 경과한 날부터 시행한다. 다만, 제54조의 개정규정은 공포한 날부터 시행한다.

제2조(징계에 관한 적용례) 제15조제1항의 개정규정은 이 법 시행

이후 징계처분을 하는 경우부터 적용한다.

제3조(외래진료 시 비용 부담에 관한 적용례) 제20조의3제2항 후단의 개정규정은 이 법 시행 이후 의료재활소년원 출원생이 같은 항 전단의 개정규정에 따라 외래진료를 신청하는 경우부터 적용한다.

제4조(범죄경력자료 등의 조회 요청에 관한 적용례) 제54조의 개정규정은 이 법 시행 이후 퇴원하는 소년부터 적용한다.

제5조(다른 법률의 개정) ① 보호관찰 등에 관한 법률 일부를 다음과 같이 개정한다.

제26조제1항 중 "소년의료보호시설"을 "의료재활소년원"으로 한다.

② 소년법 일부를 다음과 같이 개정한다.

제32조제1항제7호 중 "소년의료보호시설"을 "의료재활소년원"으로 한다.

제41조 본문 중 "소년의료보호시설"을 "의료재활소년원"으로 한다.

부칙 〈제18425호, 2021. 8. 17.〉 (국민 평생 직업능력 개발법)

제1조(시행일) 이 법은 공포 후 6개월이 경과한 날부터 시행한다.

제2조(다른 법률의 개정) ①부터 ⑮까지 생략

⑯ 보호소년 등의 처우에 관한 법률 일부를 다음과 같이 개정한다.

제35조제1항 및 제36조 중 "「근로자직업능력 개발법」"을 각각 "「국민 평생 직업능력 개발법」"으로 한다.

⑰부터 ㊸까지 생략

제3조 생략

보호소년 등의 처우에 관한 법률 시행령
(약칭 : 보호소년법)

[시행 2022. 7. 12.] [대통령령 제32790호, 2022. 7. 11., 타법개정]

**개정 예정 법률 밑줄 별도 표시.

보호소년 등의 처우에 관한 법률 시행령 (약칭 : 보호소년법 시행령)

[시행 2022. 7. 12.] [대통령령 제32790호, 2022. 7. 11., 타법개정]

제1장 총칙 〈개정 2008. 6. 20.〉

제1조(목적) 이 영은 「보호소년 등의 처우에 관한 법률」에서 위임된 사항과 그 시행에 필요한 사항을 규정함을 목적으로 한다.

[전문개정 2008. 6. 20.]

제2조(보호소년의 처우) 소년원장은 「보호소년 등의 처우에 관한 법률」(이하 “법”이라 한다) 제2조제2항에 따라 교육활동에 지장을 주지 않는 범위에서 보호소년에게 다음 각 호에 해당하는 향상된 처우를 할 수 있다. 〈개정 2021. 4. 20.〉

1. 특별히 마련한 거실·기구나 그 밖의 설비 사용
2. 사회·문화시설 견학·참관 등의 기회 부여

[전문개정 2008. 6. 20.]

[제5조에서 이동, 종전 제2조는 제3조로 이동 〈2021. 4. 20.〉]

제3조(소년원의 기능별 분류·운영) ① 법 제5조에 따라 소년원을 다음 각 호와 같이 분류한다. 〈개정 2021. 4. 20., 2022. 2. 17.〉

1. 초·중등교육소년원: 「초·중등교육법」에 따른 초·중등교육이 필요한 소년을 수용·교육하는 소년원

2. 직업능력개발훈련소년원: 「국민 평생 직업능력 개발법」에 따른 직업능력개발훈련이 필요한 소년을 수용·교육하는 소년원

3. 의료·재활소년원: 약물 오·남용, 정신·지적발달 장애, 신체질환 등으로 집중치료나 특수교육이 필요한 소년을 수용·교육하는 소년원

4. 인성교육소년원: 정서순화, 품행교정 등 인성교육이 집중적으로 필요한 소년을 수용·교육하는 소년원

② 제1항에 따른 소년원의 세부분류·운영기준은 법무부장관이 정한다.

[전문개정 2008. 6. 20.]

[제2조에서 이동, 종전 제3조는 삭제

제4조 삭제 〈2008. 6. 20.〉

제5조

[종전 제5조는 제2조로 이동 〈2021. 4. 20.〉]

제5조의2(생활실 수용정원) 법 제6조제2항에 따라 소년원 또는 소년분류심사원(이하 "소년원등"이라 한다)에 두는 생활실의 수용정원은 4명 이하로 한다. 다만, 소년원등의 기능·위치나 그 밖의 사정을 고려하여 수용인원을 증대할 수 있다. 〈개정 2021. 4. 20.〉

[본조신설 2016. 9. 5.]

제2장 수용·보호

제1절 수용 〈개정 2008. 6. 20.〉

제6조(보호소년등의 인수) ①소년원장 또는 소년분류심사원장(이하 “원장”이라 한다)은 법 제7조 또는 법 제12조에 따라 보호소년등을 새로 수용할 때에는 법원소년부의 결정서, 법무부장관의 이송허가서 또는 지방법원 판사의 유치허가장을 통하여 본인임을 확인한 후 인수하고, 인도기관에 인수서를 내주어야 한다. 〈개정 2014. 1. 28., 2021. 4. 20.〉

② 보호관찰소의 장은 유치소년을 원장에게 인도할 때에는 원본과 대조·확인한 유치허가장 사본을 제출하여야 한다. 〈신설 2014. 1. 28.〉

[전문개정 2008. 6. 20.]

제7조 삭제 〈2008. 6. 20.〉

제8조(수용사실 통지) 원장은 법 제7조제3항에 따라 보호소년등의 보호자 또는 보호소년등이 지정하는 사람(이하 “보호자등”이라 한다)에게 보호소년등을 수용한 사실을 알릴 때에는 수용 경위, 처우의 개요, 면회·통신 방법, 그 밖에 필요한 사항을 함께 알려야 한다.

[전문개정 2008. 6. 20.]

제9조(분류처우) ① 원장은 법 제8조제1항에 따라 분류처우를 할 때에는 분류심사 결과와 법원소년부로부터 송부된 자료를 고려하여야 한다. 〈개정 2016. 9. 5.〉

② 원장은 법 제8조제2항에 따라 보호소년등을 분리수용하는 경우 비행, 공범관계, 처우과정 등을 고려하여 법무부령으로 정하는 바에 따라 생활실을 구분할 수 있다. 〈개정 2016. 9. 5.〉

[전문개정 2008. 6. 20.]

제10조(개별처우계획의 수립) ① 소년원장은 제9조에 따른 분류처우 대상 보호소년에 대하여 법 제15조의2에 따른 보호소년등처우·징계위원회(이하 "처우·징계위원회"라 한다)의 심사를 거쳐 개별처우계획을 수립해야 한다. 〈개정 2021. 4. 20.〉

② 제1항에 따른 개별처우계획에는 초·중등교육, 직업능력개발훈련, 의료재활, 인성교육 등 개별 교육·처우의 방향이 제시돼야 한다. 이 경우 보호소년과 보호자등의 의견을 고려해야 한다. 〈개정 2021. 4. 20.〉

③ 제1항 및 제2항에 따라 수립된 개별처우계획은 교정교육에 지장이 없는 범위에서 그 내용을 본인 및 보호자등에게 알려 보호소년이 스스로 교육에 참여하고, 자기 개선을 위하여 노력하도록 하여야 한다.

[전문개정 2008. 6. 20.]

제11조(개별처우계획의 수정) 소년원장은 제10조제1항에 따라 수립한 보호소년의 개별처우계획을 변경할 필요가 있는 경우에는 지체 없이 처우·징계위원회의 심사를 거쳐 수정해야 한다. 〈개정 2021. 4. 20.〉

[전문개정 2008. 6. 20.]

제12조(보호처분 취소대상자 통지) 원장은 보호소년등이 법원소년부의 보호처분 결정 당시 10세 미만(「소년법」 제32조제1항제10호 처분의 경우에는 12세 미만으로 한다)이었거나 19세 이상이었던 것으로 밝혀지면 지체 없이 해당 보호처분 결정을 한 법원소년부에 그 사실을 통지하여야 한다.

[전문개정 2016. 9. 5.]

제2절 청원 · 이송

제13조(청원의 편의 제공) ① 원장은 법 제11조에 따른 청원서를 접수하면 지체 없이 이를 법무부장관에게 보내야 한다.

② 원장은 법 제11조에 따른 청원을 할 수 있다는 안내문을 보기 쉬운 곳에 게시하는 등 청원의 편의를 제공하여야 한다.

③ 원장은 보호소년등이 청원을 못하게 하거나 청원을 하였다는 이유로 불이익한 처우를 하여서는 아니 된다.

[전문개정 2008. 6. 20.]

제14조(수용인원의 조절을 위한 이송) 법무부장관은 분류수용이나 교육훈련을 위하여 수용인원을 조절할 필요가 있다고 인정되면 소년원장에게 보호소년을 다른 소년원으로 이송(移送)할 것을 지시할 수 있다.

[전문개정 2008. 6. 20.]

제15조(청원에 따른 이송) 소년원장은 보호소년 또는 그 보호자등이 다른 소년원으로 이송해 줄 것을 청원한 경우에는 법무부장관의 허가를 받아 보호소년을 그 소년원으로 이송할 수 있다.

[전문개정 2008. 6. 20.]

제16조(이송의 제한) ① 소년원장은 이송할 보호소년에 대하여 건강진단을 하고 건강상태가 이송해 갈 소년원의 교육활동에 적합하지 아니하다고 판명되면 이송을 중지하여야 한다.

② 소년원장은 다음 각 호의 어느 하나에 해당하는 보호소년을

다른 소년원으로 이송해서는 안 된다. 〈개정 2021. 1. 5., 2021. 4. 20.〉

1. 외부 의료기관에 입원 또는 통원치료 중인 사람으로서 이송하는 것이 부적절하다고 판단되는 사람

2. 「소년법」 제43조에 따라 항고하여 재판이 계속 중인 사람. 다만, 재항고한 사람은 제외한다.

3. 징계를 받고 있는 사람

③ 소년원장은 제2항에도 불구하고 처우상 특히 필요하다고 인정되는 사유가 있으면 처우 · 징계위원회의 심의를 거쳐 법무부장관의 허가를 받아 보호소년을 다른 소년원으로 이송할 수 있다. 〈개정 2021. 4. 20.〉

[전문개정 2008. 6. 20.]

제3절 사고방지 등

제17조(비상사태 등의 대비) 원장은 법 제13조에 따른 비상사태 등에 대비하여 소년원등 안에 대피시설을 마련해야 한다. 〈개정 2021. 4. 20.〉

[전문개정 2008. 6. 20.]

제17조의2(소지금지물품) 보호소년등은 다음 각 호의 물품을 소지해서는 아니 된다.

1. 흉기, 화기(火器), 폭발물, 독극물, 그 밖에 시설의 안전 또는 질서를 해칠 우려가 있는 물품

2. 주류 · 담배 · 현금 · 수표 · 음란물, 사행행위에 사용되는 물품,

그 밖에 보호소년등의 교정교육 또는 건전한 사회복귀를 해칠 우려가 있는 물품

[본조신설 2014. 1. 28.]

제17조의3(신체 검사 등) ① 원장은 시설의 안전과 질서 유지를 위하여 필요하다고 인정하는 경우에는 보호소년등의 신체·의류·휴대품·생활실 등을 검사할 수 있다.

② 원장은 보호소년등의 신체를 검사하는 경우에는 해당 보호소년등이 불필요한 고통이나 수치심을 느끼지 않도록 유의해야 하며, 특히 신체를 면밀히 검사할 필요가 있으면 다른 보호소년등이 볼 수 없는 차단된 장소에서 해야 한다. 〈개정 2021. 4. 20.〉

③ 원장은 여성인 보호소년등의 신체·의류 및 휴대품을 검사하는 경우에는 소속 여성 공무원이 하게 하여야 한다.

④ 원장은 제1항에 따라 검사한 결과 제17조의2에 따른 소지금지물품(이하 “금지물품”이라 한다)이 발견되면 이를 보호소년등에게 알린 후 폐기한다.

⑤ 제4항에도 불구하고 폐기하는 것이 적당하지 아니한 물품은 소년원등에 보관하거나 보호자등에게 전달할 수 있다. 이 경우 보관물품의 처리는 법 제22조에 따른다. 〈개정 2021. 4. 20.〉

[본조신설 2014. 1. 28.]

제18조(외부인의 출입통제) ①원장은 소년원등에 출입하는 외부인의 출입 목적과 신원을 확인하고, 시설의 안전과 질서 유지를 위하여 필요하다고 인정하면 출입자의 의류와 휴대품을 검사할 수 있다. 〈개정 2014. 1. 28.〉

② 원장은 제1항에 따른 검사 결과 출입자가 금지물품을 소지하고 있으면 소년원등에 맡기게 하여야 하며, 이에 따르지 아니하면 출입을 금지할 수 있다. 〈신설 2014. 1. 28.〉

③ 원장은 여성 출입자의 의류 및 휴대품을 검사하는 경우에는 소속 여성 공무원이 하게 하여야 한다. 〈신설 2014. 1. 28.〉

[전문개정 2008. 6. 20.]

제19조(심신안정실에의 수용) ① 원장은 보호소년등이 다음 각 호의 어느 하나에 해당할 때에는 의사의 의견을 고려하여 심신안정실(자살 및 자해 방지 등의 설비를 갖춘 생활실을 말한다. 이하 같다)에 수용할 수 있다. 〈개정 2016. 9. 5.〉

1. 자살 또는 자해의 우려가 있을 때

2. 신체적·정신적 질병 또는 임신·출산(유산·사산한 경우를 포함한다) 등으로 인하여 특별한 보호가 필요할 때

3. 설비 또는 기구 등을 손괴하거나 손괴하려 할 때

4. 담당 직원의 제지에도 불구하고 소란행위를 계속하여 다른 보호소년등의 평온한 생활을 방해할 때

② 제1항제1호 및 제2호에 따른 심신안정실의 수용기간은 15일 이내로 한다. 다만, 원장은 특별히 계속하여 수용할 필요가 있으면 의사의 의견을 고려하여 7일을 초과하지 아니하는 범위에서 한 차례만 그 기간을 연장할 수 있다.

③ 제1항제3호 및 제4호에 따른 심신안정실 수용기간은 24시간 이내로 한다. 다만, 원장은 특별히 계속하여 수용할 필요가 있으면 의사의 의견을 고려하여 12시간을 초과하지 아니하는 범위에서 한

차례만 그 기간을 연장할 수 있다.

④ 원장은 보호소년등을 심신안정실에 수용하거나 그 수용기간을 연장하는 경우에는 그 사유를 본인에게 알려주어야 한다.

⑤ 원장은 의사 및 간호사로 하여금 심신안정실에 수용된 보호소년등의 건강상태를 수시로 확인하게 하여야 한다.

⑥ 원장은 심신안정실에 수용할 사유가 소멸하면 심신안정실 수용을 즉시 중단하여야 한다.

[본조신설 2014. 1. 28.]

第20조(사고발생 보고) ① 원장은 보호소년등의 사망, 이탈, 난동, 그 밖의 중대한 사고가 발생하면 지체 없이 법무부장관에게 보고하여야 한다.

② 원장은 조사·심리(審理)를 받고 있는 위탁소년 또는 항고 중의 보호소년이 사망하거나 이탈한 경우 또는 이탈한 보호소년등을 재수용한 경우에는 지체 없이 그 사실을 사건이 계류되어 있는 법원에 통지하여야 한다.

[전문개정 2008. 6. 20.]

第21조(사체의 검사) 원장은 보호소년등이 사망한 경우에는 지체 없이 검사의 지휘에 따라 사체의 검사 등 필요한 조치를 하여야 한다.

[전문개정 2008. 6. 20.]

第22조(사망 통지 및 사체의 인도) 원장은 보호소년등이 사망하면 지체 없이 병명, 사망 원인 및 사망 일시를 보호자등에게 알리고, 검사의 지휘에 따라 사체를 인도하여야 한다.

[전문개정 2008. 6. 20.]

제23조(사체의 임시매장) 원장은 보호자등의 소재를 알 수 없거나 그 밖의 부득이한 사유로 제22조에 따라 사체를 인도할 수 없을 때에는 임시매장을 하고, 임시매장한 장소에 사망자의 성명, 생년월일 및 사망연월일을 새긴 표지를 세워야 한다. 〈개정 2015. 12. 30., 2021. 1. 5.〉

[전문개정 2008. 6. 20.]

제4절 징계 · 포상

제23조의2 삭제 〈2016. 9. 5.〉

제24조(징계) ① 원장은 법 제15조에 따라 보호소년등을 징계할 때에는 다음 각 호의 사항을 고려하여야 한다. 〈개정 2014. 1. 28.〉

1. 행위자의 연령 · 지능 · 성격 및 건강상태
2. 행위의 동기 · 수단 및 결과
3. 교정성적 및 생활태도
4. 규율위반 행위가 타인에게 미치는 영향
5. 행위 후의 자수 · 반성 · 합의 여부

② 원장은 제1항에 따라 보호소년등을 징계할 때에는 증거에 의하여 징계 정도를 공정하게 정하고 교육적 효과를 고려하여야 한다.

[전문개정 2008. 6. 20.]

제24조의2(징계대상행위의 조사) ① 보호소년등의 징계대상행위에 대한 조사기간(조사를 시작한 날부터 조사를 완료하여 처우 · 징계위원회 개최 통보를 한 날까지를 말한다. 이하 같다)은 7일 이내로 한다. 다만, 원장은 특별히 필요하다고 인정하는 경우에는 3일을 초과

하지 아니하는 범위에서 한 차례만 그 기간을 연장할 수 있다. 〈개정 2021. 4. 20.〉

② 원장은 규율을 위반하여 징계가 필요하다고 의심할 만한 상당한 이유가 있는 보호소년등이 다음 각 호의 어느 하나에 해당하면 조사기간 중 분리하여 수용할 수 있다.

1. 증거를 없앨 우려가 있을 때

2. 다른 보호소년등에게 위해를 끼칠 우려가 있거나 다른 보호소년등의 위해로부터 보호할 필요가 있을 때

③ 제2항에 따른 분리수용기간은 징계기간에 포함한다.

④ 원장은 조사대상자의 질병이나 그 밖의 특별한 사정으로 조사를 계속하기 어려운 경우에는 그 사유가 없어질 때까지 조사를 일시적으로 정지할 수 있다. 이 경우 조사가 정지된 다음 날부터 정지 사유가 소멸한 전날까지의 기간은 조사기간에 포함하지 아니한다.

⑤ 제1항부터 제4항까지에서 규정한 사항 외에 징계대상행위 조사에 관한 세부 사항은 법무부령으로 정한다.

[본조신설 2014. 1. 28.]

제25조 삭제 〈2016. 9. 5.〉

제26조(지정된 실내의 구조) 법 제15조제1항제7호에 따른 지정된 실내는 면적 · 채광 · 통풍 · 온도 · 습도 등이 보호소년등의 건강을 보호할 수 있도록 적절하여야 한다. 〈개정 2016. 9. 5.〉

[전문개정 2008. 6. 20.]

제27조(징계 중의 지도) ① 원장은 보호소년등을 징계할 때에는 지도계획을 수립하여 시행하여야 한다.

② 원장은 징계 중인 보호소년등을 매주 1회 이상 면접하고 개별 지도를 하여야 한다.

③ 원장은 징계 중인 보호소년등의 처우를 제한하는 경우에는 그 사실을 그 보호소년등의 가족이나 친지에게 알려야 한다.

④ 원장은 징계 중인 보호소년등에 대하여는 의사 및 간호사에게 수시로 건강진단을 하도록 하여야 한다.

[전문개정 2008. 6. 20.]

제28조(이송 중의 규율위반자에 대한 징계) 보호소년이 이송 중에 규율을 위반한 경우 그 징계는 인수한 소년원장이 한다.

[전문개정 2008. 6. 20.]

제29조(징계자의 처우 제한) 원장은 법 제15조에 따라 징계처분을 받은 보호소년등에 대하여 징계기간 중 교육활동의 일부를 제한할 수 있다.

[전문개정 2008. 6. 20.]

제30조(징계집행의 유예·정지·면제) 원장은 정상을 특별히 참작할 사유가 있거나 환자인 경우에는 징계 집행을 면제하거나 사유가 없어질 때까지 징계 집행을 유예하거나 정지할 수 있다.

[전문개정 2008. 6. 20.]

제30조의2(처우·징계위원회의 심의·의결사항) 처우·징계위원회는 법 제15조의2제1항에 따라 다음 각 호의 사항을 심의·의결한다.

1. 보호소년(「소년법」 제32조제1항제8호의 처분을 받은 보호소년은 제외한다)의 개별처우계획 수립

2. 보호소년에 대한 향상된 처우의 결정

3. 보호소년의 이송·외출(원장이 처우·징계위원회 심의가 필요하다고 인정하는 경우로 한정한다. 이하 제5호에서 같다)·통학·통근취업·포상·졸업사정 및 계속수용 등에 관한 사항

4. 보호소년의 소년원 퇴원 또는 임시퇴원

5. 위탁소년 및 유치소년의 외출·포상 등의 처우

6. 징계대상자에 대한 징계

7. 그 밖에 원장이 보호소년등의 처우에 필요하다고 인정하여 처우·징계위원회에 심의를 요청한 사항

[본조신설 2021. 4. 20.]

제30조의3(처우·징계위원회의 구성) ① 처우·징계위원회의 위원장(이하 "위원장"이라 한다)은 원장이 된다.

② 처우·징계위원회의 위원(이하 "위원"이라 한다)은 다음 각 호에 해당하는 사람 중에서 위원장이 성별을 고려하여 임명하거나 위촉한다. 이 경우 의료재활소년원에 두는 처우·징계위원회의 위원에는 의무직공무원 및 간호직공무원이 포함돼야 한다.

1. 해당 소년원등의 각 과장 및 6급 이상의 공무원

2. 소년보호에 관한 학식과 경험이 풍부한 사람

③ 「국가공무원법」 제33조 각 호에 해당하는 사람은 위원이 될 수 없다.

④ 제2항에 따라 위촉된 위원의 임기는 2년으로 한다.

[본조신설 2021. 4. 20.]

제30조의4(위원의 제척·기피·회피) ① 위원이 다음 각 호의 어느 하나에 해당하는 경우에는 처우·징계위원회의 심의·의결에서 제척

(除斥)된다.

1. 위원이나 그 배우자 또는 배우자였던 사람이 해당 안건의 당사자인 경우

2. 위원이 해당 안건의 당사자와 친족이거나 친족이었던 경우

3. 위원이 해당 안건에 관해 증언, 진술, 자문 또는 감정을 한 경우

4. 위원이나 위원이 속한 법인·단체 등이 해당 안건의 당사자의 대리인이거나 대리인이었던 경우

② 해당 안건의 당사자는 위원에게 공정한 심의·의결을 기대하기 어려운 사정이 있는 경우에는 처우·징계위원회에 기피 신청을 할 수 있고, 처우·징계위원회는 의결로 기피 여부를 결정한다. 이 경우 기피 신청의 대상인 위원은 그 의결에 참여할 수 없다.

③ 위원이 제1항 각 호에 따른 제척사유나 제2항 전단에 따른 기피사유에 해당하는 경우에는 스스로 해당 안건의 심의·의결에서 회피해야 한다.

[본조신설 2021. 4. 20.]

제30조의5(처우·징계위원회의 위원장) ① 위원장은 처우·징계위원회를 대표하고, 처우·징계위원회의 업무를 총괄한다.

② 위원장이 부득이한 사유로 직무를 수행할 수 없을 경우에는 위원장이 미리 지정한 위원이 그 직무를 대행한다.

[본조신설 2021. 4. 20.]

제30조의6(처우·징계위원회의 회의) ① 위원장은 다음 각 호의 어느 하나에 해당하는 경우에 처우·징계위원회의 회의를 소집한다.

1. 위원 2명 이상의 요구가 있는 경우

2. 그 밖에 위원장이 필요하다고 인정하는 경우

② 처우·징계위원회의 회의는 재적위원 과반수의 출석으로 개의하고, 출석위원 과반수의 찬성으로 의결한다.

③ 처우·징계위원회의 회의에 출석한 위원과 관계 전문가 등에게는 예산의 범위에서 수당과 여비, 그 밖에 필요한 경비를 지급할 수 있다. 다만, 공무원이 그 소관 업무와 직접 관련하여 출석하는 경우에는 지급하지 않는다.

[본조신설 2021. 4. 20.]

제30조의7(위원의 해촉) 위원장은 제30조의3제2항에 따라 위촉된 위원이 다음 각 호의 어느 하나에 해당하면 그 위원을 해촉(解觸)할 수 있다.

1. 심신장애로 인해 직무를 수행할 수 없게 된 경우

2. 직무와 관련된 비위사실이 있는 경우

3. 직무 태만, 품위 손상이나 그 밖의 사유로 인해 위원으로서 적합하지 않다고 인정하는 경우

4. 위원 스스로 직무를 수행하는 것이 곤란하다고 의사를 밝히는 경우

[본조신설 2021. 4. 20.]

제30조의8(간사) ① 처우·징계위원회의 사무를 처리하기 위해 처우·징계위원회에 2명 이내의 간사를 둔다.

② 간사는 위원장이 해당 소년원등에 소속된 공무원 중에서 임명한다.

[본조신설 2021. 4. 20.]

제30조의9(회의록의 작성 및 보관) ① 간사는 처우·징계위원회의 회의록을 작성·보관해야 한다.

② 제1항에 따른 회의록에는 위원장 및 출석위원이 서명 또는 날인해야 한다.

[본조신설 2021. 4. 20.]

제30조의10(운영세칙) 이 영에서 규정한 것 외에 처우·징계위원회의 운영에 필요한 사항은 처우·징계위원회의 의결을 거쳐 위원장이 정한다.

[본조신설 2021. 4. 20.]

제31조(포상) ① 원장은 법 제16조제1항에 따라 선정된 보호소년등에게는 상장·상품 등을 주거나 그 밖의 포상을 할 수 있다.

② 원장은 제1항에 따라 포상을 받은 보호소년등에 대하여 제2조 각 호의 특별처우를 할 수 있다. 〈개정 2021. 4. 20.〉

[전문개정 2008. 6. 20.]

제5절 급여 등

제32조(특별급식) 원장은 국경일이나 그 밖에 필요하다고 인정할 때에는 보호소년등에게 특별급식을 할 수 있다.

[전문개정 2008. 6. 20.]

제33조(음식물 등의 반입 허가) ① 원장은 교정교육이나 위생에 해가 없다고 인정되는 경우에만 보호자나 그 밖의 관계인으로부터 음식물·의류·학용품 등을 반입하도록 허가할 수 있다.

② 원장은 제1항에 따른 반입품이 유해한지를 검사하여야 한다.

[전문개정 2008. 6. 20.]

제34조(금전 사용금지) 보호소년등은 통학, 통근취업 등 원장이 특히 필요하다고 인정하여 허가하는 경우가 아니면 금전을 소지하거나 직접 사용할 수 없다.

[전문개정 2008. 6. 20.]

제35조 삭제 <2014. 1. 28.>

제6절 면회 · 편지 · 외출 등 <개정 2021. 4. 20.>

제36조(면회 시간) ① 보호소년등의 면회는 평일[원장이 필요하다고 인정하는 경우에는 토요일(공휴일은 제외한다)을 포함한다]에 교육 등 일과 진행에 지장이 없는 범위에서 1일 1회 40분 이내로 한다. 다만, 특별한 사유가 있을 때에는 그렇지 않다. <개정 2014. 1. 28., 2021. 4. 20.>

② 제1항에 따른 면회의 장소 · 절차 등에 관하여 필요한 사항은 법무부령으로 정한다.

[전문개정 2008. 6. 20.]

제37조(면회의 참석) 법 제18조제2항에 따라 면회에 참석하는 직원은 보호소년등이 규율을 위반하거나 면회인이 보호소년등에게 나쁜 영향을 준다고 인정되는 때에는 면회를 중지시킬 수 있다.

[전문개정 2008. 6. 20.]

제38조(면회허가의 제한) 원장은 보호소년등을 면회하려는 사람이 다음 각 호의 어느 하나에 해당한다고 인정되면 면회를 허가하지 않을 수 있다. <개정 2014. 1. 28., 2021. 4. 20.>

1. 비행집단과 교제하고 있거나 특정 비행집단에 소속되어 있다고 의심할 만한 상당한 이유가 있는 경우

2. 보호소년등과 소년원등에서 함께 수용된 적이 있는 사람으로서 그와 교류하는 것이 보호소년등의 교육에 지장을 줄 수 있다고 판단되는 경우

3. 보호소년등의 보호자등 없이 단독으로 면회하려는 경우. 다만, 학교 교사, 소년보호위원 또는 자원봉사자 등 교정교육에 도움이 된다고 인정되거나 보호소년등과 사실혼 관계에 있다고 인정되는 경우는 제외한다.

4. 그 밖에 보호소년등과의 관계가 불명확하거나 음주·폭언·폭행 등으로 보호소년등의 교육에 해가 될 수 있다고 판단되는 경우

[전문개정 2008. 6. 20.]

제39조(편지 왕래의 제한) ① 원장은 법 제18조제4항에 따라 편지를 검사한 결과 다음 각 호의 어느 하나에 해당하는 경우에는 편지의 왕래를 제한할 수 있다. 〈개정 2016. 9. 5.〉

1. 공동으로 비행을 저지른 관계에 있는 사람의 편지인 경우

2. 편지 내용이 보호소년등의 교육에 해가 되거나 보호소년등이 그 내용을 알아서는 아니 되는 사유가 있는 경우

② 제1항에 따른 편지 왕래의 제한은 다음 각 호의 어느 하나에 해당하는 방법으로 한다.

1. 보호소년등에게 그 사실을 알리고 반송할 것

2. 보호소년등의 동의를 받아 폐기할 것

3. 보호소년등의 동의를 받아 담당직원이 보관하였다가 출원(出

院)할 때 내줄 것

③ 정보통신매체를 통한 편지의 제한에 관하여는 제1항 및 제2항을 준용한다.

[전문개정 2008. 6. 20.]

제39조의2(전화통화의 제한) ① 원장은 전화통화 허가를 신청한 보호소년등에게 다음 각 호의 어느 하나에 해당하는 사유가 있는 경우에는 전화통화를 허가하지 않을 수 있다. 〈개정 2021. 4. 20.〉

1. 공동으로 비행을 저지르는 등 교정교육에 해가 된다고 인정되는 사람과 전화통화를 하려는 경우

2. 지속적인 규율 위반으로 교정성적이 현저하게 낮은 경우

3. 그 밖에 보호소년등의 교정교육 또는 수용질서에 부정적 영향을 끼칠 우려가 있는 경우

② 원장은 다음 각 호의 어느 하나에 해당하는 경우에는 보호소년등의 전화통화를 중지시킬 수 있다.

1. 허가받지 아니한 사람(가족은 제외한다)과 통화하는 경우

2. 전화통화 중 반복·지속적으로 욕설을 하거나 허용되지 아니한 물품의 반입을 요구하는 등 교정교육 또는 수용질서 유지에 바람직하지 아니하다고 판단되는 경우

③ 제2항에 따라 보호소년등의 전화통화를 중지시키려면 미리 보호소년등에게 경고하여야 하며, 전화통화를 중지시킬 경우 통화상대방에게도 그 사유를 알려야 한다.

[본조신설 2014. 1. 28.]

제40조(외출 기간) 법 제19조에 따른 외출 기간은 7일(공휴일과 토

요일을 포함한다) 이내로 한다. 다만, 특별한 사유가 있을 때에는 그 기간을 연장할 수 있다. 〈개정 2021. 4. 20.〉

[전문개정 2008. 6. 20.]

제41조(외출 시 준수사항의 부과) ① 소년원장은 외출허가를 받은 보호소년에게 지켜야 할 사항을 부과하여야 한다.

② 소년원장은 보호소년이 준수사항을 위반하면 지체 없이 외출허가를 취소하고 복귀에 필요한 조치를 하여야 한다.

[전문개정 2008. 6. 20.]

제7절 진료 및 보건

제42조(건강진단 등) 원장은 보호소년등에 대하여 법 제7조제2항에 따른 건강진단 외에 정기·수시검진을 하고 그 결과를 기록·유지하여야 한다.

[전문개정 2008. 6. 20.]

제43조(외부 의료기관 의료조치) ① 원장은 제42조에 따른 건강진단이나 정기·수시검진 결과 중한 질병이 있다는 사실을 알았거나, 외부 의료기관에서 입원·수술 등의 처치를 받아야 할 사유가 발생하면 지체 없이 그 사실을 법무부장관에게 보고하고 보호자등에게 알려야 한다. 〈개정 2021. 4. 20.〉

② 원장은 법 제20조제2항에 따라 보호소년등을 외부 의료기관에 입원시킨 경우에는 지체 없이 법무부장관에게 보고하여야 한다.

[전문개정 2008. 6. 20.]

[제목개정 2021. 4. 20.]

제44조(보호자등의 간호) 원장은 보호소년등이 법 제20조제2항에 따라 외부 의료기관에서 치료를 받는 경우 그 보호자등에게 간호하게 할 수 있다.

[전문개정 2008. 6. 20.]

제44조의2(간호사의 의료행위) 법 제20조제4항에서 "대통령령으로 정하는 경미한 의료행위"란 다음 각 호의 의료행위를 말한다.

1. 자주 발생하는 가벼운 상처의 치료
2. 응급처치가 필요한 보호소년등에 대한 처치
3. 부상ㆍ질병의 악화를 방지하기 위한 처치
4. 환자의 요양 지도 및 관리
5. 제1호부터 제4호까지의 의료행위에 따르는 의약품의 투여

[본조신설 2021. 4. 20.]

제45조(감염병의 예방) ① 원장은 보호소년등에 대한 예방접종과 방역소독 등 감염병 예방에 필요한 조치를 하여야 한다. 〈개정 2010. 12. 29.〉

② 원장은 감염병이 유행하고 있을 때에는 감염병 유행지역 거주자의 면회, 음식물ㆍ피복이나 그 밖의 물품의 반입을 금지할 수 있다. 〈개정 2010. 12. 29.〉

③ 원장은 보호소년등이 감염병에 감염되었다고 의심되는 경우에는 감염병의 증상 또는 전염력이 없어질 때까지 격리수용하고, 소지품에 대한 소독 등 필요한 조치를 하여야 한다. 〈개정 2010. 12. 29.〉

[전문개정 2008. 6. 20.]

[제목개정 2010. 12. 29.]

제46조(감염병 발생 보고 등) 원장은 소년원등에서 감염병이 발생하면 지체 없이 그 발생 상황을 법무부장관에게 보고하고, 「감염병의 예방 및 관리에 관한 법률」 제12조에 따라 그 소년원등이 있는 지역의 보건소장에게 즉시 신고해야 한다. 〈개정 2010. 12. 29., 2021. 4. 20.〉

[전문개정 2008. 6. 20.]

[제목개정 2010. 12. 29.]

제8절 금품의 보관 등

제47조(금품의 보관) ① 원장은 법 제22조제1항에 따라 보호소년등의 금품을 보관할 때에는 본인이 참여한 가운데 점검하고, 법무부령으로 정하는 보관금품 보관증(이하 "보관증"으로 한다)에 품명·수량·규격과 그 밖에 필요한 사항을 기재한 후 본인이 확인·서명하게 하여야 한다. 이 경우 보관증은 원장과 보호소년등이 각각 한 부씩 보관한다. 〈개정 2016. 9. 5.〉

② 제1항의 경우 보호소년등이 소지한 물품이 보관하기에 부적당하다고 인정되면 보호자등에게 반환하거나 본인의 승낙을 받아 매각하고 그 대금을 보관할 수 있다. 다만, 물품 중 가치가 없다고 인정되는 것은 본인이 폐기하게 할 수 있다.

③ 원장은 필요하다고 인정하면 보관한 물품을 보호소년등이 사용하게 할 수 있다.

[전문개정 2008. 6. 20.]

제48조(보관금품의 반환 등) ① 법 제22조제2항에 따라 보관금품을

반환하는 때에는 보관증에 그 사유를 기재하고 수령인에게 확인·서명하도록 하여야 한다. 〈개정 2016. 9. 5.〉

② 원장은 법 제22조제2항에도 불구하고 출원하는 보호소년등이 보관금품을 반환받기를 원하지 아니하면 반환하지 않을 수 있다.

③ 제2항에 따라 보관금품을 반환하지 않을 때에는 보관증에 그 사유를 기재하고 해당 보호소년등에게 확인·서명하도록 하여야 한다. 〈개정 2016. 9. 5.〉

[전문개정 2008. 6. 20.]

제49조(물품 등의 기증) ① 원장은 소년원등에서 사용할 물품을 기증하려는 자가 있을 경우에는 보호와 교정교육에 필요한 물품만 기증받을 수 있다. 〈개정 2021. 4. 20.〉

② 원장은 기증자가 제1항의 물품 기증을 목적으로 현금을 기탁하는 경우에는 이를 접수하여 해당 물품을 대신 구입할 수 있다. 이 경우 관련 증빙서류를 첨부하여 기증자에게 알려야 한다.

[전문개정 2008. 6. 20.]

[제목개정 2021. 4. 20.]

제50조(탁송금품의 반송) 원장은 보호소년등에게 탁송(託送)된 금품을 본인이 받기를 거부하거나 처우상 본인에게 교부하는 것이 적당하지 아니하다고 인정되면 지체 없이 이를 보낸 사람에게 반송하여야 한다.

[전문개정 2008. 6. 20.]

제3장 분류심사 등 〈개정 2008. 6. 20.〉

제51조(분류심사의 영역) ① 법 제3조제2항제1호 및 제2호에 따른 분류심사를 할 때는 다음 각 호의 사항을 종합·분석해야 한다. 〈개정 2014. 1. 28., 2021. 4. 20.〉

1. 신상관계: 소년의 인적사항, 학력, 지니고 있는 문제, 비행의 개요, 비행 이력, 보호자 및 가족상황, 그 밖에 참고인 등에 대한 자료

2. 신체적 측면: 소년의 건강상태, 신체특징, 결함 여부 및 병력 등의 진단

3. 심리적 측면: 소년의 지능을 중심으로 한 능력, 성격의 특징, 신경증·정신병 등 정신기능의 장애 여부, 적응 및 욕구, 자기개선 의지 등의 측정

4. 환경적 측면: 출생 이후 현재까지 소년의 가정·학교·사회생활 등의 조사

5. 행동특징: 수용생활 및 검사·면접할 때 등 소년이 처한 환경조건에 따라 반응하는 특이사항 및 경향의 관찰

6. 그 밖의 참고사항

② 제1항에 따른 분류심사를 할 때에는 각종 기록 및 상담 결과, 관계인과의 면접, 그 밖의 객관적인 자료를 토대로 하여야 한다.

[전문개정 2008. 6. 20.]

제52조(상담조사 등) ① 법 제3조제2항제3호부터 제5호까지의 규정에 따른 상담조사, 검사의 결정 전 조사, 분류심사 업무를 할 때에는 의뢰기관이 요청한 영역에 대하여 실시한다. 〈개정 2014. 1. 28., 2021. 4. 20.〉

② 법 제3조제2항제3호의 경우 소년의 진로지도 및 품행 개선을 위한 교육을 실시할 수 있다. 이 경우 상담조사 기간의 출석일수 인정 등에 관하여는 제85조를 준용한다. 〈개정 2014. 1. 28., 2021. 4. 20.〉

[전문개정 2008. 6. 20.]

제53조(분류심사관의 직무 등) ① 분류심사관은 제51조에 따른 분류심사자료를 종합하여 분류심사서를 작성하여야 한다.

② 소년분류심사원장은 분류심사관의 원활한 직무수행을 위하여 필요한 소양과 전문지식을 갖춘 분류심사 전문요원을 두고 제51조제1항 각 호의 자료수집과 심리검사 등을 하게 할 수 있다.

[전문개정 2008. 6. 20.]

제54조(청소년심리검사 등) ① 법 제26조에 따라 심리검사 등을 요청하려는 사람은 소년분류심사원장에게 법무부장관이 정한 방법과 절차에 따라 심리검사를 의뢰하여야 한다.

② 소년분류심사원장은 제1항에 따른 청소년 심리검사 등을 의뢰받았을 때에는 심리검사 등의 일시와 장소, 그 밖에 필요한 사항 등 협조사항을 미리 알려야 한다.

[전문개정 2008. 6. 20.]

제4장 교정교육 등

제1절 총칙 〈개정 2008. 6. 20.〉

제55조(교육계획) ① 소년원장은 보호소년이 정해진 교육기간에 교정목적을 달성할 수 있도록 법 제41조에 따른 교육계획을 수립하여

시행하여야 한다.

② 제1항에 따른 교육계획에는 교육과정, 특별활동 및 생활지도 등에 관한 구체적 내용이 포함되어야 한다.

[전문개정 2008. 6. 20.]

제56조(교육단계) ① 교정교육은 보호소년이 소년원에 입원할 때부터 출원할 때까지의 전 과정을 신입자교육, 기본교육, 사회복귀교육의 3단계로 구분하여 순차적으로 실시해야 한다. 〈개정 2021. 4. 20.〉

② 제1항에 따른 단계별 교육에 관한 세부사항은 법무부령으로 정한다.

[전문개정 2008. 6. 20.]

제57조(교정성적의 평가) ① 보호소년의 교정성적은 교육성과 및 생활성적을 종합하여 평가한다.

② 그 밖에 보호소년의 교정성적 평가에 필요한 사항은 법무부장관이 정한다.

[전문개정 2008. 6. 20.]

제58조(소년관리기록부) ① 원장은 보호소년등의 처우와 교정성적 관리를 적절하게 하기 위하여 개인별로 소년관리기록부를 갖추고 출원 시까지의 모든 상황을 정해진 양식에 따라 계속 기록·유지하여야 한다.

② 소년분류심사원장은 위탁소년, 유치소년 또는 법 제3조제2항제3호에 따른 상담조사 대상 소년이 법원소년부의 심리 결과 소년원 송치처분을 받게 된 때에는 지체 없이 그 소년의 소년관리기록부 원본을 해당 소년원에 송부해야 한다. 〈개정 2014. 1. 28., 2021.

4. 20.〉

[전문개정 2008. 6. 20.]

제2절 초ㆍ중등교육

제59조(학교의 설치ㆍ운영 등) ① 법 제29조에 따른 소년원학교(이하 "소년원학교"라 한다)를 설치하는 경우에는 「초ㆍ중등교육법」에서 정하는 기준에 따라야 한다.

② 소년원학교의 원활한 운영과 소년보호 교육기관의 특성을 고려하여 "소년원"과 "소년원의 각급학교 명칭"을 함께 사용할 수 있다.

[전문개정 2008. 6. 20.]

제60조(교감의 겸직) 소년원학교가 설치된 소년원의 교무과장은 법 제30조제3항에 따라 그 소년원학교 교감의 직무를 겸임한다.

[전문개정 2008. 6. 20.]

제61조(교원 등의 직무수행) ① 법 제30조제1항에 따라 임용된 소년원학교의 교원은 학생의 수업, 생활지도, 그 밖에 필요한 직무를 수행하여야 한다.

② 소년원학교장은 소년원학교 교육을 원활하게 하기 위하여 필요하다고 판단되면 법무부장관의 승인을 받아 관련 학과 학사학위 이상 소지자, 청소년상담사, 청소년지도사, 정보통신ㆍ어학 관련 국가공인 자격 소지자 등 정해진 자격요건을 갖춘 소속 공무원에게 제1항에 따른 직무를 담당하도록 할 수 있다.

[전문개정 2008. 6. 20.]

제62조(교원의 연수) ① 법무부장관은 「교육공무원법」 및 「교원 등

의 연수에 관한 규정」에서 정하는 바에 따라 소년원학교 교원을 각급학교의 교육연수원에서 연수하게 하거나 법무연수원에서 연수하게 해야 한다. 〈개정 2021. 4. 20.〉

② 소년원학교장은 제1항에 따른 연수대상자를 선발하려면 관할 교육감 또는 법무연수원장과 협의해야 한다. 〈개정 2021. 4. 20.〉

[전문개정 2008. 6. 20.]

제63조(입학 또는 편입학) ① 소년원학교장은 학년 초부터 60일 이내에 입교한 보호소년이 각급학교를 졸업하였거나 같은 수준 이상의 학력이 있다고 인정되는 경우에는 상급학교 교육과정에 입학시킬 수 있다.

② 소년원학교장은 보호소년이 학적을 가졌던 학년의 입교 당시 학기에 전학·편입학시킬 수 있다. 다만, 입교 당시 학기에 전학·편입학 시킬 수 없을 경우에는 같은 학년 이하의 학기에 전학·편입학시킬 수 있다.

③ 「소년법」 제32조제1항제8호에 따라 소년원에 송치된 소년에 대하여는 제1항 및 제2항을 적용하지 아니한다.

[전문개정 2008. 6. 20.]

제63조의2 삭제 〈2014. 1. 28.〉

제64조(학교생활기록부) 소년원학교장은 「초·중등교육법」 제25조에 따라 보호소년의 인성발달상황과 학업성취도 등을 종합적으로 관찰·평가한 학교생활기록부를 작성·관리하여야 한다.

[전문개정 2008. 6. 20.]

제64조의2(학적사항 통지 및 관리) ① 소년원학교장은 법 제31조제

1항에 따라 보호소년이 편입학한 경우에는 편입학사항을 보호소년이 최종적으로 재학하였던 학교[이하 "전적학교(前籍學校)"라 한다]의 장에게 통지하여야 한다.

② 소년원학교장은 보호소년의 학적기록사항을 매 학기 또는 매 학년이 종료되기 이전까지 전적학교의 장에게 보내야 한다.

③ 소년원학교장은 보호소년이 출원하면 그 출원일부터 10일 이내에 학적기록 전부를 전적학교의 장에게 보내야 한다.

④ 전적학교의 장은 제1항부터 제3항까지의 규정에 따라 학적사항을 접수하면 이를 재학생에 준하여 관리하여야 한다.

[본조신설 2008. 6. 20.]

제65조(다른 학교로의 전학·편입학) 보호소년이 법 제32조에 따른 전적학교 등 다른 학교에 전학·편입학하려는 경우에는 전학·편입학 배정원서, 그 밖의 필요한 서류를 거주지 또는 전학·편입학 예정학교의 관할교육청의 장이나 전학·편입학 예정학교의 장에게 제출하여야 한다.

[전문개정 2008. 6. 20.]

제66조(통학) ① 소년원장은 보호소년이 수용으로 인하여 학교 입학·복학 또는 편입학에 지장을 줄 염려가 있는 경우에는 보호소년에게 준수사항을 부과하여 통학하도록 할 수 있다.

② 소년원장은 제1항에 따라 통학을 허가받은 보호소년이 통학기간 중 준수사항을 현저하게 위반하거나 통학을 계속해서는 아니 된다고 판단되는 사유가 있으면 통학허가를 취소할 수 있다.

[전문개정 2008. 6. 20.]

제67조(졸업사정 등) ① 소년원학교의 학년별 과정 이수 및 졸업 여부는 처우·징계위원회에서 다음 각 호의 사항을 심의하여 결정한다. 〈개정 2021. 4. 20.〉

1. 교육과정 이수 정도
2. 총 수업시간 수 또는 수업일수 충족 여부
3. 학교규칙에서 정하고 있는 결격사유에 해당되는지 여부

② 제1항제2호에 따른 총 수업시간 수 또는 수업일수는 각 소년원학교별 수업시간수를 더하여 산정하되, 그 기간이 「초·중등교육법 시행령」 제50조제2항에 따른 기간을 넘으면 졸업요건을 충족한 것으로 본다.

[전문개정 2008. 6. 20.]

제68조(졸업증명서 등의 발급) 소년원장은 보호소년이나 그 보호자의 신청을 받으면 졸업증명서, 성적증명서, 수료증명서 등을 발급하여야 한다.

[전문개정 2008. 6. 20.]

제69조(학력인정 검정고시의 응시 특례) 소년원학교에 재학 중인 보호소년 중 다음 각 호 어느 하나에 해당하는 사람은 학력인정 검정고시에 응시할 수 있다. 〈개정 2015. 1. 6., 2015. 9. 15.〉

1. 초등학교 졸업학력 검정고시는 12세 이상으로 초등학교 교육과정을 이수 중인 사람
2. 중학교 졸업학력 검정고시는 15세 이상으로 중학교 교육과정을 이수 중인 사람
3. 고등학교 졸업학력 검정고시는 18세 이상으로 고등학교 교육

과정을 이수 중인 사람

[전문개정 2008. 6. 20.]

第70조(장학 협의) 소년원학교장은 관할 교육청의 장과 소년원학교의 학사운영에 관하여 장학(奬學) 협의를 할 수 있으며, 관할 교육청의 장은 필요한 권고를 할 수 있다.

[전문개정 2008. 6. 20.]

제3절 직업능력개발훈련

第71조(직업능력개발훈련 방침) ① 소년원의 직업능력개발훈련은 보호소년이 근로의 소중함을 깨닫고 직업에 대한 올바른 태도와 능력을 길러 건전한 직업생활을 할 수 있도록 하여야 한다.

② 소년원의 직업능력개발훈련은 학교교육 및 산업사회와 밀접한 관련을 갖도록 실시하여야 한다.

[전문개정 2008. 6. 20.]

第72조(공공직업훈련시설의 설치) 법무부장관은 「국민 평생 직업능력 개발법」 제27조에 따라 소년원에 공공직업훈련시설을 설치·운영할 수 있다. 〈개정 2022. 2. 17.〉

[전문개정 2008. 6. 20.]

第73조(지원 직업능력개발훈련) 소년원장은 법 제35조제2항에 따라 산업체의 지원을 받아 직업능력개발훈련을 실시하려면 지원산업체와 지원목적, 기간, 내용, 그 밖의 지원에 관한 사항을 포함하는 지원 약정서를 작성하여야 한다.

[전문개정 2008. 6. 20.]

제74조(외부시설에서의 직업능력개발훈련) 소년원장은 법 제35조제2항에 따라 보호소년을 소년원 외의 시설에 통근시키거나 위탁하여 직업능력개발훈련을 실시할 수 있다.

[전문개정 2008. 6. 20.]

제75조(직업능력개발훈련교사의 훈련) 법무부장관은 직업능력개발훈련교사의 능력개발을 위하여 해당 교사에게 「국민 평생 직업능력 개발법」 제37조제2항에 따른 보수교육을 정기적으로 이수하도록 해야 한다. 〈개정 2021. 4. 20., 2022. 2. 17.〉

[전문개정 2008. 6. 20.]

제76조(통근취업의 원칙) ① 보호소년의 통근취업 대상 산업체는 소년원 출원 후 직업 선택이 쉽고 건전한 직업의식과 가치관을 기를 수 있는 업체로 선정해야 한다. 〈개정 2021. 4. 20.〉

② 소년원장은 법 제37조제1항에 따라 보호소년을 통근취업시키려면 통근취업 대상 산업체와의 보수, 취업기간, 취업조건, 그 밖에 필요한 사항을 포함하는 취업약정서를 작성하여야 한다.

③ 소년원장은 통근취업을 하는 보호소년에게 준수사항을 부과하여 이를 지키도록 지도하여야 한다.

④ 소년원장은 산업체가 제2항의 취업약정사항을 위반하였을 때 또는 보호소년이 준수사항을 현저하게 위반하거나 통근취업을 계속하여서는 아니 된다고 판단되는 사유가 있을 때에는 통근취업을 금지할 수 있다.

[전문개정 2008. 6. 20.]

제77조(자립기반 조성) 법무부장관은 보호소년의 직업능력 향상과

성공적 자립기반 조성을 위하여 창업보육, 지원재단 설립 및 자립생활관 운영 등 필요한 사업을 할 수 있다.

[전문개정 2008. 6. 20.]

제4절 생활지도 등

제78조(생활지도의 목표) 원장은 법 제39조에 따라 생활지도를 할 때에는 보호소년등의 심신, 행동발달 및 품행 개선에 목표를 두고 지도하여야 한다.

[전문개정 2008. 6. 20.]

제79조(상담ㆍ인성교육) ① 원장은 보호소년등이 지닌 모든 문제와 그들의 욕구를 효과적으로 해소하여 교정목표를 조기에 달성할 수 있도록 체계적인 상담과 심리치료 등 인성교육을 하여야 한다.

② 원장은 보호자등이 보호소년등의 처우 또는 개인 사정에 관하여 상담을 신청하면 이에 응하여야 한다.

③ 원장은 제1항의 직무를 수행하기 위하여 해당 분야에 전문성과 소양을 갖춘 전담직원을 배치하거나 지정하여야 한다.

[전문개정 2008. 6. 20.]

제80조(특별활동) ① 원장은 법 제40조에 따라 보호소년등의 정서를 순화하고 특기를 살리기 위하여 적당한 특별활동에 참여하게 하여야 한다.

② 제1항에 따른 특별활동은 체육, 독서, 음악, 연극지도 등 교내 특별활동과 전시관 및 산업시설 견학, 문화유적지 답사, 문화예술 공연 관람, 야영, 소풍 등 다양한 체험학습을 하는 교외 특별활동으

로 한다.

[전문개정 2008. 6. 20.]

제81조(봉사활동) 소년원장은 보호소년의 공동체의식 함양과 체험을 통한 인성교육을 위하여 다양한 봉사활동 프로그램을 운영하여야 한다.

[전문개정 2008. 6. 20.]

제82조(종교활동 등) ① 원장은 교육과정 운영에 지장을 주지 않는 범위에서 종교를 가진 보호소년등에게 지정된 장소에서 자유롭게 종교의식에 참여하도록 하여야 한다.

② 원장은 신부, 목사, 승려, 그 밖의 종교인에게 보호소년등에 대하여 종교에 관한 지도를 하도록 할 수 있다.

[전문개정 2008. 6. 20.]

[제목개정 2021. 4. 20.]

제83조(도서실 등의 설치ㆍ운영) ① 원장은 교정교육에 필요한 도서실ㆍ상담실ㆍ방송실ㆍ심리검사실ㆍ교육자료실 및 종교실 등을 설치ㆍ운영할 수 있다.

② 원장은 보호소년등이 제1항의 시설을 이용할 수 있도록 필요한 지원을 하여야 한다.

[전문개정 2008. 6. 20.]

제84조(장학지도) 법무부장관은 법 제42조에 따른 장학지도를 할 때에는 매 학년도마다 장학지도의 대상ㆍ방법 및 결과처리 등에 관한 세부계획을 수립하고 이를 소년원학교에 미리 통보하여야 한다.

[전문개정 2008. 6. 20.]

第85条(대안교육 대상자의 출석일수 인정) ① 법 제42조의2제1항에 따라 판사 또는 검사가 의뢰한 대안교육 대상 소년이 소년원등에서 정해진 교육과정을 이수했을 때에는 그 기간을 재적학교의 출석일수로 인정해야 한다. 〈개정 2021. 4. 20.〉

② 원장은 법 제31조제2항에 따른 위탁소년이나 그 보호자 또는 제1항에 따른 대안교육 대상 소년이나 그 보호자가 원하는 경우에는 소년원등의 교육과정 이수사실이나 대안교육 이수사실을 소년의 재적학교의 장에게 통지할 수 있다. 〈개정 2021. 4. 20.〉

[전문개정 2008. 6. 20.]

第86条(보호자교육) ① 원장은 법 제42조의3에 따라 보호자교육이 필요하다고 인정되면 교육목적과 대상, 시간 및 장소, 프로그램 등의 내용이 포함되는 교육계획을 수립·시행하여야 한다.

② 제1항에 따른 교육 프로그램에는 다음 각 호의 내용을 포함하여야 한다.

1. 가족기능 회복 및 문제해결 능력 함양
2. 자녀의 일탈행동에 대한 원인 분석 및 이해 증진
3. 양성평등의식 및 민주적 양육태도 함양
4. 자녀의 훈육지도 및 효과적인 대화기법
5. 자녀의 학습동기 유발과 진로지도 방법

[전문개정 2008. 6. 20.]

제5장 출원 〈개정 2008. 6. 20.〉

第87条(퇴원·임시퇴원의 취소 및 심사신청의 철회) 소년원장은 소

년원 퇴원 또는 임시퇴원이 허가되었거나 퇴원 또는 임시퇴원 심사 신청 중인 보호소년에게 징계사유 등 특별한 사유가 발생하면 보호관찰심사위원회에 퇴원 또는 임시퇴원 허가의 취소를 신청하거나 퇴원·임시퇴원 심사신청을 철회할 수 있다.

[전문개정 2008. 6. 20.]

제87조의2(재·퇴원증명서의 발급) 원장은 다음 각 호의 어느 하나에 해당하는 자가 소년원등에 수용된 사실 또는 수용되었다가 출원한 사실 등에 관한 증명서의 발급을 신청하는 경우에는 법무부령으로 정하는 재·퇴원증명서를 발급할 수 있다. 이 경우 재·퇴원증명서의 발급 신청 및 발급은 「민원 처리에 관한 법률」 제12조의2제2항 및 제3항에 따른 전자민원창구를 통하여 처리할 수 있다. 〈개정 2021. 4. 20., 2022. 7. 11.〉

1. 보호소년등
2. 보호소년등이었던 사람
3. 제1호 또는 제2호에 해당하는 사람의 보호자
4. 제1호 또는 제2호에 해당하는 사람의 위임을 받은 자

[본조신설 2020. 3. 3.]

제88조(임시퇴원 취소자의 재수용) ① 「보호관찰 등에 관한 법률」 제48조에 따라 임시퇴원이 취소된 소년의 경우 임시퇴원 당시의 소년원장은 보호관찰관으로부터 그 소년을 인수하여 지체 없이 재수용하여야 한다.

② 제1항에도 불구하고 임시퇴원 당시의 소년원과 임시퇴원 취소자(여성인 임시퇴원 취소자는 제외한다. 이하 이 항에서 같다)의 현

재지(現在地)의 시·도가 달라 재수용이 지체될 우려가 있으면 임시퇴원 취소자의 현재지와 인접한 소년원에서 소년을 인수할 수 있다. 〈개정 2021. 4. 20.〉

③ 제주지역을 현재지로 하여 임시퇴원이 취소된 사람은 제주소년원에 재수용한다. 다만, 임시퇴원 취소자의 주된 거주지와 제주소년원의 시·도가 다르면 청원이나 그 밖에 처우상 필요에 따라 임시퇴원 당시의 소년원에서 인수할 수 있다.

[전문개정 2008. 6. 20.]

제6장 보칙 〈개정 2008. 6. 20.〉

제1절 자료 조회 등 〈신설 2014. 1. 28.〉

제89조(외국인의 방문) 원장은 법 제49조에 따라 외국인의 방문을 허가하려면 법무부장관의 승인을 받아야 한다.

[전문개정 2008. 6. 20.]

제90조(각종 자료 조회) ① 원장은 법 제50조에 따라 보호소년등의 교정교육과 분류심사를 위하여 필요한 경우에는 다음 각 호의 자료를 해당 기관에 요청할 수 있다.

1. 범죄 및 수사경력 자료
2. 학교생활기록부
3. 그 밖에 교육 및 분류심사에 참고가 되는 자료

② 직무상 제1항의 자료조회를 요청하는 사람 또는 이를 취급하는 사람은 그 내용을 직무와 직접 관련되지 아니하는 사람에게 누설하여서는 아니 된다.

[전문개정 2008. 6. 20.]

제90조의2(민감정보 및 고유식별정보의 처리) ① 원장은 다음 각 호의 사무를 수행하기 위하여 불가피한 경우 「개인정보 보호법」 제23조에 따른 건강에 관한 정보, 같은 법 시행령 제18조제2호에 따른 범죄경력자료에 해당하는 정보 및 같은 영 제19조에 따른 주민등록번호, 여권번호, 운전면허의 면허번호 또는 외국인등록번호가 포함된 자료를 처리할 수 있다. 〈개정 2016. 9. 5., 2021. 4. 20.〉

1. 보호소년등의 수용 및 출원 절차에 관한 사무
2. 보호소년등의 건강조사 및 치료내역 관리, 의료처우의 결정에 관한 사무
3. 법 제3조제2항에 따른 분류심사 및 조사에 관한 사무
4. 법 제8조 및 제9조에 따른 보호소년등의 처우 결정과 그 변경에 관한 사무
5. 법 제31조 및 제35조에 따른 학적관리 및 직업능력개발훈련에 관한 사무
6. 법 제41조에 따른 교육계획의 수립·시행 및 결과 평가에 관한 사무
7. 법 제45조의2에 따른 사회정착지원에 관한 사무

② 원장은 다음 각 호의 사무를 수행하기 위하여 불가피한 경우 「개인정보 보호법 시행령」 제19조에 따른 주민등록번호, 여권번호, 운전면허의 면허번호 또는 외국인등록번호가 포함된 자료를 처리할 수 있다. 〈개정 2014. 6. 30., 2020. 3. 3.〉

1. 법 제18조에 따른 면회 허가에 관한 사무

2. 법 제42조의3에 따른 보호자교육에 관한 사무

3. 법 제45조에 따른 보호소년의 인도에 관한 사무

4. 법 제49조에 따른 소년원등의 방문 허가에 관한 사무

5. 법 제50조의2에 따른 청소년심리상담실 운영에 관한 사무

6. 법 제51조의2에 따른 소년보호위원의 위촉 및 비용 지급에 관한 사무

7. 법 제53조에 따른 기부금품의 접수에 관한 사무

8. 제87조의2에 따른 증명서 발급에 관한 사무

[본조신설 2014. 1. 28.]

제2절 소년보호협회 〈신설 2014. 1. 28.〉

제91조(지부 등의 설치) 법 제51조에 따라 설치된 소년보호협회(이하 "협회"라 한다)에는 소관 사업의 원활한 추진을 위하여 그 지부 또는 지회를 둘 수 있다.

[전문개정 2014. 1. 28.]

제92조(정관) ① 협회의 정관에는 다음 각 호의 사항이 포함되어야 한다.

1. 목적

2. 명칭

3. 주된 사무소 및 지부·지회에 관한 사항

4. 임직원에 관한 사항

5. 이사회에 관한 사항

6. 업무에 관한 사항

7. 기금, 재산 및 회계에 관한 사항

8. 공고에 관한 사항

9. 정관의 변경에 관한 사항

10. 내부 규정의 제정 · 개정 및 폐지에 관한 사항

② 협회는 정관을 변경할 때에는 이사회의 의결을 거쳐 법무부장관의 허가를 받아야 한다.

[본조신설 2014. 1. 28.]

제93조(임원) ① 협회에는 다음 각 호의 임원을 둔다.

1. 이사장 1명

2. 상임이사 1명

3. 이사 5명 이상 15명 이하(이사장 및 상임이사를 포함한다)

4. 감사 2명

② 이사장은 법무부장관이 임명하고, 이사장 및 상임이사를 제외한 이사 중 1명은 법무부 소속 공무원 중에서 법무부장관이 지명하며, 이사장과 법무부장관이 지명한 이사(이하 "당연직이사"라 한다)를 제외한 임원은 이사회에서 선임하되, 법무부장관의 승인을 받아 취임한다.

③ 이사장 및 감사의 임기는 2년으로 하고, 당연직이사를 제외한 이사의 임기는 3년으로 한다.

④ 당연직이사를 제외한 임원은 법무부장관의 승인을 받아 연임할 수 있다. 다만, 임원의 재임(在任)기간은 이사장의 경우 6년을 초과할 수 없고, 이사의 경우 이사장 임기를 포함하여 10년을 초과할 수 없다.

[본조신설 2014. 1. 28.]

제94조(임원의 직무) ① 이사장은 협회를 대표하고 협회의 업무를 총괄한다.

② 이사장은 이사회를 소집하며, 이사회의 의장이 된다.

③ 이사장이 부득이한 사유로 직무를 수행할 수 없을 때에는 상임이사가 이사장의 직무를 대행한다.

④ 이사는 이사회에 출석하여 협회의 중요 사항을 심의·의결하며, 이사회 또는 이사장으로부터 위임받은 업무를 처리한다.

⑤ 감사는 협회의 업무 및 회계를 감사한다.

[본조신설 2014. 1. 28.]

제95조(이사회) ① 협회의 업무에 관한 주요 사항을 심의·의결하기 위하여 협회에 이사장과 이사로 구성된 이사회를 둔다.

② 감사는 이사회에 출석하여 의견을 진술할 수 있다.

[본조신설 2014. 1. 28.]

제96조(직원의 임면) 협회의 직원은 정관으로 정하는 바에 따라 이사장이 임면한다.

[본조신설 2014. 1. 28.]

제97조(협회의 자산) 협회는 다음 각 호의 재산을 그 자산으로 한다.

1. 협회가 소유하는 부동산과 그 밖의 재산
2. 국고보조금
3. 자산으로부터 생기는 과실(果實)
4. 그 밖의 수입

[본조신설 2014. 1. 28.]

제98조(협회의 사업) ① 협회는 그 설립목적을 달성하기 위하여 다음 각 호의 목적사업을 한다. 〈개정 2016. 9. 5.〉

1. 보호소년등에 대한 교육활동 지원
2. 자립지원시설 운영 등 소년원 출원생의 사회정착 지원
3. 청소년 관련 연구, 자료 발간, 학술단체 지원
4. 청소년 관련 선도 · 복지 사업
5. 그 밖에 협회의 목적 달성에 필요한 사업

② 협회는 그 설립목적을 달성하기 위하여 수익사업을 할 수 있다.

③ 협회는 제2항의 수익사업을 하려는 경우에는 사업마다 미리 법무부장관의 승인을 받아야 한다. 이를 변경하려는 경우에도 또한 같다.

[본조신설 2014. 1. 28.]

제99조(사업 및 회계관리) ① 협회의 회계연도는 정부의 회계연도에 따른다.

② 협회는 매 회계연도 개시 전까지 해당 회계연도에 수행할 사업계획 및 예산안을 작성하여 이사회의 의결을 거친 후 법무부장관에게 제출하여 승인을 받아야 한다. 이를 변경할 때에도 또한 같다.

③ 협회는 매 회계연도의 사업실적과 결산서를 작성하여 이사회의 의결을 거친 후 다음 회계연도 2월 말일까지 법무부장관에게 제출하여야 한다.

④ 협회는 국고보조금의 집행결과를 분기마다 법무부장관에게 보고하여야 한다.

[본조신설 2014. 1. 28.]

제100조(감독) ① 법무부장관은 협회를 지휘·감독한다.

② 법무부장관은 협회에 대하여 감독상 필요한 경우에는 그 업무에 관한 사항을 보고하게 하거나 자료의 제출, 그 밖에 필요한 명령을 할 수 있으며, 소속 공무원에게 협회 운영 실태를 조사하게 할 수 있다.

③ 법무부장관은 협회의 국고보조금 집행에 관하여 감사를 할 수 있다.

[본조신설 2014. 1. 28.]

제101조(준용규정) 협회에 관하여는 이 영에서 규정한 것을 제외하고는 「공익법인의 설립·운영에 관한 법률」 및 「민법」 중 재단법인에 관한 규정을 준용한다.

[본조신설 2014. 1. 28.]

제3절 기부금품의 접수 〈신설 2014. 6. 30.〉

제102조(기부금품의 접수 등) ① 원장은 법 제53조제1항에 따라 기부금품을 접수하는 경우 기부자에게 영수증을 발급하여야 한다. 다만, 익명으로 기부하거나 기부자를 알 수 없는 경우에는 영수증을 발급하지 아니할 수 있다.

② 원장은 제1항에 따른 기부자가 다음 각 호의 어느 하나의 경우에 해당하는 사실을 알게 된 경우에는 기부금품을 접수해서는 아니 된다.

1. 기부자가 보호소년등인 경우

2. 기부자가 보호소년등과 친족이거나 친족이었던 경우

3. 그 밖에 기부자가 보호소년등과 직접적인 이해관계가 있다고 인정되는 기관·단체 또는 사람인 경우

③ 원장은 제1항에 따른 기부자가 기부금품의 용도를 지정한 경우에는 그 용도로만 사용하여야 한다. 다만, 기부자가 지정한 용도로 사용하기 어려운 경우에는 특별한 사정이 없는 한 기부자의 동의를 받아 다른 용도로 사용할 수 있다.

④ 원장은 모든 기부금의 수입 및 지출을 기부금 전용계좌를 통하여 처리하여야 한다.

⑤ 원장은 기부금품의 접수현황 및 사용실적 등에 관한 장부를 갖추어 두고 기부자가 열람할 수 있도록 하여야 한다.

⑥ 원장은 매 반기별로 기부금품의 접수현황 및 사용실적 등에 관한 사항을 법무부장관에게 보고하여야 한다.

[본조신설 2014. 6. 30.]

제4절 범죄경력자료 등의 조회 요청 〈신설 2021. 4. 20.〉

제103조(범죄경력자료 등 조회 요청의 제한 등) ① 법무부장관이 법 제54조에 따라 범죄경력자료와 수사경력자료의 조회를 요청하는 경우 「형의 실효 등에 관한 법률」 제6조제1항에 따라 소년원에서 퇴원한 보호소년의 재범 여부를 조사하고 소년원 교정교육의 효과를 평가하기 위해 필요한 최소한의 범위에서 요청해야 한다.

② 범죄경력자료 또는 수사경력자료를 관리하는 사람이나 직무상 범죄경력자료 또는 수사경력자료를 조회하거나 열람한 사람은 그 내

용을 누설해서는 안 된다.

③ 제1항 및 제2항에서 규정한 사항 외에 범죄경력자료와 수사경력자료의 조회 요청 방법, 자료 관리 등에 필요한 세부사항은 법무부장관이 정한다.

[본조신설 2021. 4. 20.]

부칙 〈제18479호, 2004. 7. 24.〉

이 영은 공포한 날부터 시행한다.

부칙 〈제18911호, 2005. 6. 30.〉 (근로자직업능력 개발법 시행령)

제1조 (시행일) 이 영은 2005년 7월 1일부터 시행한다.

제2조 내지 제4조 생략

제5조 (다른 법령의 개정) ①내지 ⑨생략

⑩소년원법시행령 일부를 다음과 같이 개정한다.

제2조제1항제2호중 "근로자직업훈련촉진법"을 "「근로자직업능력 개발법」"으로 한다.

⑪내지 ⑰생략

제6조 생략

부칙 〈제20830호, 2008. 6. 20.〉

제1조(시행일) 이 영은 2008년 6월 22일부터 시행한다.

제2조(징계 병과 금지의 적용례) 제25조의 개정규정은 이 영 시행

후 최초로 징계를 받는 자부터 적용한다.

제3조(다른 법령의 개정) 보호관찰등에관한법률시행령 일부를 다음과 같이 개정한다.

제9조의 제목, 같은 조 제목 외의 부분, 제11조제1항 각 호 외의 부분, 같은 항 제4호, 제16조제2호, 제34조의 제목 및 같은 조 제1항 중 "가퇴원"을 각각 "임시퇴원"으로 한다.

제4조(다른 법령과의 관계) 이 영 시행 당시 다른 법령에서 종전의 「소년원법 시행령」이나 그 규정을 인용한 경우에 이 영 가운데 그에 해당하는 규정이 있으면 종전의 규정을 갈음하여 이 영이나 이 영의 해당 조항을 인용한 것으로 본다.

부칙 〈제22564호, 2010. 12. 29.〉 (감염병의 예방 및 관리에 관한 법률 시행령)

제1조(시행일) 이 영은 2010년 12월 30일부터 시행한다. 〈단서 생략〉

제2조 부터 제6조까지 생략

제7조(다른 법령의 개정) ①부터 ⑨까지 생략

⑩ 보호소년 등의 처우에 관한 법률 시행령 일부를 다음과 같이 개정한다.

제45조의 제목 "(전염병의 예방)"을 "(감염병의 예방)"으로 하고, 같은 조 제1항부터 제3항까지 중 "전염병"을 각각 "감염병"으로 한다.

제46조의 제목 "(전염병 발생 보고 등)"을 "(감염병 발생 보고

등)"으로 하고, 같은 조 제목 외의 부분 중 "전염병"을 "감염병"으로, "「전염병예방법」 제5조"를 "「감염병의 예방 및 관리에 관한 법률」 제12조"로 한다.

⑪부터 ㉙까지 생략

제8조 생략

부칙 〈제25116호, 2014. 1. 28.〉

제1조(시행일) 이 영은 2014년 1월 31일부터 시행한다.

제2조(징계대상행위 조사에 관한 적용례) 제24조의2의 개정규정은 이 영 시행 후 징계대상행위 조사를 시작하는 경우부터 적용한다.

제3조(협회에 관한 경과조치 등) ① 협회는 이 영 시행일부터 3개월 이내에 제91조부터 제101조까지의 개정규정에 적합하게 정관을 변경하여 법무부장관의 허가를 받아야 한다.

② 이 영 시행 당시 협회에 재직 중인 임원의 임기는 제1항에 따른 정관 변경에 대한 법무부장관의 허가와 동시에 종료되는 것으로 본다.

③ 제93조제4항 단서의 개정규정에 따라 임원의 재임기간을 산정할 때에는 제2항에 따른 임원 임기 종료 후 임명 또는 취임승인된 임원의 임기부터 산정한다.

④ 제99조제2항의 개정규정에도 불구하고 협회는 2014년도 사업계획 및 예산안을 2014년 2월 28일까지 법무부장관에게 제출하여 승인을 받아야 한다.

부칙 〈제25411호, 2014. 6. 30.〉

이 영은 2014년 7월 8일부터 시행한다.

부칙 〈제25961호, 2015. 1. 6.〉 (초·중등교육법 시행령)

제1조(시행일) 이 영은 공포한 날부터 시행한다. 〈단서 생략〉

제2조 생략

제3조(다른 법령의 개정) ① 보호소년 등의 처우에 관한 법률 시행령 일부를 다음과 같이 개정한다.

제69조제1호 중 "중학교 입학자격 검정고시"를 "초등학교졸업학력검정고시"로 하고, 같은 조 제2호 중 "고등학교 입학자격 검정고시"를 "중학교졸업학력검정고시"로 하며, 같은 조 제3호 중 "졸업자격"을 "졸업학력"으로 한다.

② 생략

부칙 〈제26521호, 2015. 9. 15.〉 (초·중등교육법 시행령)

제1조(시행일) 이 영은 공포한 날부터 시행한다. 〈단서 생략〉

제2조(다른 법령의 개정) ① 보호소년 등의 처우에 관한 법률 시행령 일부를 다음과 같이 개정한다.

제69조제1호 중 "초등학교졸업학력검정고시"를 "초등학교 졸업학력 검정고시"로 하고, 같은 조 제2호 중 "중학교졸업학력검정고시"를 "중학교 졸업학력 검정고시"로 한다.

② 생략

부칙 〈제26774호, 2015. 12. 30.〉 (주민등록번호 수집 최소화를 위한 6·25 전사자유해의 발굴 등에 관한 법률 시행령 등 일부개정령)

이 영은 공포한 날부터 시행한다. 〈단서 생략〉

부칙 〈제27479호, 2016. 9. 5.〉

제1조(시행일) 이 영은 2016년 9월 30일부터 시행한다.

제2조(보관금품의 보관 및 반환에 관한 경과조치) 이 영 시행 전에 종전의 제47조에 따라 보관한 금품의 보관 및 반환에 관하여는 제47조 및 제48조의 개정규정에도 불구하고 종전의 규정에 따른다.

부칙 〈제30499호, 2020. 3. 3.〉

이 영은 공포한 날부터 시행한다.

부칙 〈제31380호, 2021. 1. 5.〉 (어려운 법령용어 정비를 위한 473개 법령의 일부개정에 관한 대통령령)

이 영은 공포한 날부터 시행한다. 〈단서 생략〉

부칙 〈제31625호, 2021. 4. 20.〉

제1조(시행일) 이 영은 2021년 4월 21일부터 시행한다.

제2조(위원회의 명칭 변경에 따른 종전 처우심사위원회 위원 임기 등에 관한 경과조치) 이 영 시행 당시 종전의 제3조제3항에 따른 위원은 제30조의3의 개정규정에 따라 처우·징계위원회의 위원으로

임명되거나 위촉된 것으로 본다. 이 경우 위촉된 위원의 임기는 종전의 처우심사위원회 위원의 임기 중 남은 기간으로 한다.

제3조(다른 법령의 개정) ① 아동·청소년의 성보호에 관한 법률 시행령 일부를 다음과 같이 개정한다.

제12조제2항제2호 중 "「보호소년 등의 처우에 관한 법률」 제2조"를 "「보호소년 등의 처우에 관한 법률」 제3조"로 한다.

② 인문학 및 인문정신문화의 진흥에 관한 법률 시행령 일부를 다음과 같이 개정한다.

제9조제3호를 다음과 같이 한다.

3. 「보호소년 등의 처우에 관한 법률」 제2조에 따른 소년원 및 소년분류심사원

부칙 〈제32447호, 2022. 2. 17.〉 (국민 평생 직업능력 개발법 시행령)

제1조(시행일) 이 영은 2022년 2월 18일부터 시행한다.

제2조(다른 법령의 개정) ①부터 ㉚까지 생략

㉛ 보호소년 등의 처우에 관한 법률 시행령 일부를 다음과 같이 개정한다.

제3조제1항제2호, 제72조 및 제75조 중 "「근로자직업능력 개발법」"을 각각 "「국민 평생 직업능력 개발법」"으로 한다.

㉜부터 〈72〉까지 생략

제3조 생략

부칙 〈제32790호, 2022. 7. 11.〉 (전자정부법 시행령)

제1조(시행일) 이 영은 2022년 7월 12일부터 시행한다.

제2조(다른 법령의 개정) ①부터 ④까지 생략

⑤ 보호소년 등의 처우에 관한 법률 시행령 일부를 다음과 같이 개정한다.

제87조의2 각 호 외의 부분 후단 중 "「전자정부법」 제9조제2항 및 제3항"을 "「민원 처리에 관한 법률」 제12조의2제2항 및 제3항"으로 한다.

⑥부터 ⑫까지 생략

보호소년 등의 처우에 관한 법률 시행규칙 (약칭 : 보호소년법 시행규칙)

[시행 2022. 12. 19.] [법무부령 제1039호, 2022. 12. 19., 타법개정]

**개정 예정 법률 밑줄 별도 표시.

보호소년 등의 처우에 관한 법률 시행규칙 (약칭 : 보호소년법 시행규칙)

[시행 2022. 12. 19.] [법무부령 제1039호, 2022. 12. 19., 타법개정]

제1장 총칙 〈개정 2008. 6. 20.〉

제1조(목적) 이 규칙은 「보호소년 등의 처우에 관한 법률」 및 「보호소년 등의 처우에 관한 법률 시행령」에서 위임된 사항과 그 시행에 필요한 사항을 규정함을 목적으로 한다.

[전문개정 2008. 6. 20.]

제2조 삭제 〈2021. 4. 20.〉

제3조 삭제 〈2021. 4. 20.〉

제4조 삭제 〈2021. 4. 20.〉

제5조 삭제 〈2021. 4. 20.〉

제6조 삭제 〈2021. 4. 20.〉

제7조 삭제 〈2008. 6. 20.〉

제8조 삭제 〈2008. 6. 20.〉

제2장 수용·보호

제1절 수용 〈개정 2008. 6. 20.〉

제9조(보호소년등의 인수절차) ① 「보호소년 등의 처우에 관한 법률 시행령」(이하 "영"이라 한다) 제6조에 따른 인수서는 별지 제1호서식에 따른다. 〈개정 2021. 4. 20.〉

② 소년원장 또는 소년분류심사원장(이하 "원장"이라 한다)은 보호소년등이 영 제6조에 따라 새로 수용된 때에는 지체 없이 다음 각 호에 따른 검사·조사 또는 조치 등을 하고, 이상이 발견되었을 경우에는 필요한 조치를 마련하여야 한다. 〈개정 2016. 9. 29., 2021. 4. 20.〉

1. 보호소년등의 의류 및 소지품 등의 검사
2. 신상조사
3. 건강진단 및 신체검사
4. 이발·목욕 및 피복지급 등 위생에 필요한 조치
5. 사진촬영

③ 여성인 보호소년등에 대한 제2항제1호·제3호 및 제4호의 검사 또는 조치는 여성인 직원이 실시해야 한다. 다만, 제2항제3호에 따른 검사는 여성인 직원이 참석한 가운데 의사나 간호사가 실시할 수 있다. 〈개정 2021. 4. 20.〉

[전문개정 2008. 6. 20.]

제9조의2 삭제 〈2014. 1. 29.〉

제10조(수용사실 통지) 영 제8조에 따른 수용사실의 통지는 별지 제2호서식에 따른다. 다만, 보호소년등의 보호자 또는 보호소년등이 지정하는 사람(이하 "보호자등"이라 한다)이 원하는 때에는 정보통신

망을 이용하여 통지할 수 있다. 이 경우 그 통지 사실을 기록·유지하여야 한다.

[전문개정 2008. 6. 20.]

제11조(분류처우) 원장은 영 제9조에 따라 다음 각 호의 어느 하나에 해당하는 보호소년등은 다른 보호소년등과 생활실 및 처우과정을 달리해야 한다. 다만, 원장은 시설여건이나 교육과정 운영을 위하여 특히 필요한 경우에는 「보호소년 등의 처우에 관한 법률」(이하 "법"이라 한다)제15조의2에 따른 보호소년등처우·징계위원회(이하 "처우·징계위원회"라 한다)의 심의를 거쳐 이를 조정·운영할 수 있다. 〈개정 2014. 1. 29., 2021. 4. 20.〉

1. 「소년법」 제32조제1항제7호부터 제10호까지의 규정에 따라 위탁되거나 송치된 보호소년

2. 제53조에 따른 신입자교육을 받고 있는 보호소년

3. 감염병에 감염된 보호소년등

4. 공동으로 비행을 저지르는 등 특별관리가 필요하다고 인정되는 보호소년등

[전문개정 2008. 6. 20.]

제12조(처우·징계위원회의 개별처우계획 심사) 영 제10조 및 영 제11조에 따른 처우·징계위원회의 개별처우계획 심사는 심사 사유가 발생한 날부터 10일 이내에 실시해야 한다. 〈개정 2021. 4. 20.〉

[전문개정 2008. 6. 20.]

[제목개정 2021. 4. 20.]

제13조 삭제 〈2008. 6. 20.〉

제14조 삭제 〈2008. 6. 20.〉

제15조 삭제 〈2008. 6. 20.〉

제16조(이탈한 사람에 대한 조치) ① 소년원장은 법 제9조제1항에 따라 「소년법」 제32조제1항제7호부터 제10호까지의 보호처분을 받아 수용된 보호소년이 소년원을 이탈한 후 재수용되었을 때에는 법원소년부에 같은 항 제7호부터 제10호까지의 보호처분으로 변경을 신청할 수 있다. 〈개정 2021. 4. 20.〉

② 소년원장은 「소년법」 제32조제1항제5호 처분과 제8호 처분이 병합되어 소년원에 수용된 보호소년이 소년원을 이탈하였을 때에는 그 보호소년을 관할하는 보호관찰소에 즉시 통보하여야 한다.

③ 소년원장은 보호소년이 소년원을 이탈하거나 소년원을 이탈한 후 범법행위로 인하여 징역 또는 금고 이상의 유죄판결이 확정된 경우 또는 보호처분에 따라 소년원에 다시 송치된 경우에는 해당 보호소년에 대한 종전의 보호처분을 취소할 것을 법원소년부에 신청하여야 한다.

[전문개정 2008. 6. 20.]

제2절 청원·이송 등

제17조(청원의 처리절차) ① 원장은 영 제13조에 따른 청원의 편의를 위하여 보호소년등이 이용하기 편리한 곳에 청원함을 설치하고, 매일 청원사항을 확인하여야 한다.

② 청원에 대한 결정은 문서로 하여야 하며, 그 결정서는 지체 없이 청원인에게 전달하여야 한다.

③ 원장은 별지 제3호서식의 청원처리부를 갖추고, 청원의 처리경위 등을 기록·유지하여야 한다.

[전문개정 2008. 6. 20.]

제18조(여론조사) 원장은 보호소년등을 적절하게 처우하기 위하여 보호소년등을 대상으로 월 1회 이상 처우에 관한 의견을 조사하고 그 처리결과를 보호소년등에게 알려야 한다.

[전문개정 2008. 6. 20.]

제19조(이송) ① 신입보호소년의 이송은 보호처분에 대한 항고제기기간이 지난 후 지체 없이 실시하여야 한다. 다만, 보호소년 및 보호소년의 보호자가 항고제기의사가 없음을 밝히고, 별지 제4호서식의 항고권포기 서약서를 작성하여 제출한 경우에는 항고제기기간이 지나기 전이라도 이송할 수 있다.

② 소년원장은 법 제12조에 따라 보호소년을 다른 소년원으로 이송하려면 이송할 보호소년의 인적사항, 이송사유, 그 밖에 필요한 사항을 구체적으로 제시하여 법무부장관에게 이송허가를 신청해야 한다. 〈개정 2021. 4. 20.〉

③ 소년원장은 제1항에 따라 이송허가를 받아 보호소년을 다른 소년원에 이송할 때에는 그 보호소년의 소년관리기록부·보관금품 및 별지 제12호서식에 따른 보관금품 보관증(기관 보관용을 말한다) 그 밖의 참고자료를 인수소년원에 인계하여야 한다. 〈개정 2016. 9. 29.〉

[전문개정 2008. 6. 20.]

제20조 삭제 〈2008. 6. 20.〉

제21조(의료재활처우소년의 이송) ① 소년원장은 보호소년이 다음 각 호의 어느 하나에 해당하는 경우에는 해당 보호소년을 의료재활소년원으로 이송하도록 허가해 줄 것을 법무부장관에게 신청할 수 있다. 〈개정 2021. 4. 20.〉

1. 정신질환자(알코올중독자 및 약물중독자를 포함한다)
2. 신체질환자(뇌전증 환자를 포함한다)

② 제1항에 따른 이송허가의 구체적인 기준은 법무부장관이 정한다.

[전문개정 2016. 9. 29.]

[제목개정 2021. 4. 20.]

제22조(의료재활소년원 이송절차 등) ① 소년원장은 의료재활소년원으로의 이송을 신청할 때에는 별지 제5호서식에 따른 소속 의무과장의 진료소견서를 첨부해야 한다. 〈개정 2016. 9. 29., 2021. 4. 20.〉

② 보호소년을 의료재활소년원으로 이송하는 경우 인계기관은 해당 보호소년의 의무·진료와 관련된 모든 자료의 원본 또는 출력물을 인수기관으로 보내고 그 사본을 보관해야 한다. 〈개정 2021. 4. 20.〉

③ 의료재활소년원장은 보호소년이 개별처우계획에 따른 의료재활 과정을 마쳤을 때에는 해당 보호소년을 처우하기에 적합한 소년원을 정하여 법무부장관에게 이송을 신청해야 한다. 이 경우 처우·징계위원회의 심사를 거쳐야 한다. 〈개정 2021. 4. 20.〉

④ 제1항부터 제3항까지에서 규정한 사항 외에 의료재활소년원으로의 이송절차 등에 관한 구체적인 사항은 법무부장관이 정한다. 〈신설 2016. 9. 29., 2021. 4. 20.〉

[전문개정 2008. 6. 20.]

[제목개정 2021. 4. 20.]

제3절 사고방지 등

제23조(수용사고 방지계획 등의 수립) 원장은 보호소년등의 이탈·난동·폭행·자해 그 밖의 수용사고의 방지를 위한 종합대책 및 세부적인 생활지도계획을 수립·시행하여야 한다.

[전문개정 2008. 6. 20.]

제24조(보호소년등의 감호) ① 원장은 보호소년등의 특성·인원·감호환경 그 밖에 사고방지를 위한 모든 여건을 고려하여 감호직원을 배치하여야 한다.

② 제1항에 따라 감호의 임무를 부여받은 사람은 보호소년등을 방치하거나 감호 중에 부단이석·음주·독서·잡무처리 등 감호 외의 용무를 보아서는 아니된다.

[전문개정 2008. 6. 20.]

제24조의2(보호장비의 사용방법) ① 수갑의 사용방법은 다음 각 호와 같다. 이 경우 수갑은 손목에만 채워야 하며, 주요 동맥이나 정맥을 압박하여 피가 통하지 않도록 해서는 안 된다.

1. 법 제14조의2제2항 각 호의 어느 하나에 해당하는 경우에는 별표 1의 방법으로 할 것

2. 법 제14조의2제2항제1호 또는 제3호에 해당하는 경우로서 별표 1의 방법으로는 사용 목적을 달성할 수 없다고 인정되는 경우에는 별표 1의2의 방법으로 할 것. 이 경우 별표 1의2의 방법으로 수갑을 사용하여 그 목적을 달성했을 때에는 즉시 별표 1의 방법으로

바꾸거나 사용을 중지해야 한다.

3. 외부 의료기관에 입원 중인 보호소년등에 대하여 한 손 수갑을 사용할 경우에는 별표 1의3의 방법으로 할 것

② 포승의 사용방법은 다음 각 호와 같이 하되, 주요 동맥이나 정맥을 압박하여 피가 통하지 않도록 해서는 안 된다. 다만, 제1호부터 제4호까지의 규정에도 불구하고 원장은 영 제2조제2호에 따른 향상된 처우를 하는 경우로서 보호소년등이 이탈할 위험성이 크지 않다고 판단되는 경우에는 포승을 사용하지 않을 수 있다.

1. 환자, 진학·취업 등을 위한 면접 대상자 등을 개별 호송하는 경우로서 이탈할 위험성이 크지 않다고 판단되는 경우에는 별표 1의4부터 별표 1의6까지의 방법으로 할 것

2. 법 제14조의2제2항제2호의 경우(이 항 제1호의 경우는 제외한다)에는 별표 1의7 또는 별표 1의8의 방법으로 할 것. 다만, 3명 이상의 보호소년등을 호송하는 경우에는 별표 1의4의 방법으로 할 수 있다.

3. 법 제14조의2제2항 각 호의 어느 하나에 해당하는 경우로서 별표 1의4부터 별표 1의8까지의 방법으로는 사용 목적을 달성할 수 없다고 인정되는 경우에만 별표 1의9의 방법으로 할 것

4. 3명 이상의 보호소년등을 인솔하거나 호송하는 경우에는 연속으로 포승을 할 것. 이 경우 성별이 다른 보호소년등은 서로 분리하여 연결해야 한다.

③ 가스총의 사용방법은 다음 각 호와 같다.

1. 가스총은 법 제14조의2제3항 각 호의 어느 하나에 해당하는

경우만 사용할 것

2. 가스총을 사용하려면 법 제14조의2제4항에 따라 상대방에게 이를 경고할 것

3. 가스총을 발사할 때는 해당 보호소년등의 안전 및 가스총 발사효과 등을 고려하여 발사거리를 2미터 이상 유지할 것

④ 전자충격기의 사용방법은 다음 각 호와 같다.

1. 전자충격기는 법 제14조의2제3항 각 호의 어느 하나에 해당하는 경우로서 상황이 긴급하여 가스총만으로는 그 목적을 달성할 수 없는 경우에만 사용할 것

2. 전자충격기를 사용하려면 법 제14조의2제4항에 따라 상대방에게 이를 경고할 것

3. 전자충격기를 사용할 때에는 상대방의 피해를 최소화하도록 노력할 것

4. 전자충격기를 사용할 때에는 상대방의 머리, 얼굴, 가슴, 그 밖에 치명적 피해를 줄 수 있는 부위에는 사용하지 말 것

5. 전자충격기를 사용했을 때에는 충격 즉시 전자충격기를 떼어낼 것

⑤ 머리보호장비는 별표 1의10의 방법으로 사용한다. 이 경우 보호소년등이 머리보호장비를 임의로 해제하지 못하도록 수갑이나 포승을 함께 사용할 수 있다.

⑥ 보호대는 보호대에 부착된 고리에 수갑을 연결하여 별표 1의11의 방법으로 사용한다.

⑦ 법 제14조의2제1항에 따른 보호장비를 사용하려면 미리 원장의 허가를 받아야 한다. 다만, 긴급한 경우에는 사용 후 즉시 원장

에게 보고해야 한다.

⑧ 제1항부터 제7항까지의 규정에서 정한 사항 외에 그 밖에 보호장비의 사용방법 등에 관한 세부 사항은 법무부장관이 정한다.

[전문개정 2021. 4. 20.]

제24조의3(보호장비의 관리) ① 원장은 보호장비의 관리책임을 지며, 월 1회 이상 소속기관의 보호장비 사용실태를 확인·점검하여야 한다. 〈개정 2014. 1. 29.〉

② 보호장비는 항상 사용가능한 상태를 유지하여야 하며, 보관은 별도의 캐비넷에 하여야 한다. 〈개정 2014. 1. 29.〉

③ 보호장비를 사용할 때에는 별지 제34호서식의 보호장비 사용 기록부에 기록·관리한다. 〈개정 2014. 1. 29.〉

④ 유효기간이 지난 가스총의 탄환 및 분사약재 등은 폐기해야 한다. 〈신설 2021. 4. 20.〉

⑤ 제1항부터 제4항까지의 규정에서 정한 사항 외에 보호장비의 관리 등에 관한 세부 사항은 법무부장관이 정한다. 〈신설 2016. 9. 29., 2021. 4. 20.〉

[본조신설 2008. 6. 20.]

[제목개정 2014. 1. 29.]

제24조의4(전자장비의 종류) 법 제14조의3에 따라 소년원 또는 소년분류심사원(이하 "소년원등"이라 한다)에 설치하여 운영할 수 있는 전자장비는 다음 각 호와 같다. 〈개정 2021. 4. 20., 2022. 2. 7.〉

1. 영상정보처리기기: 일정한 공간에 지속적으로 설치되어 사람 또는 사물의 영상 및 이에 따르는 음성·음향 등을 수신하거나 유·

무선망을 통하여 이를 전송하는 장치

2. 전자감지기: 일정한 공간에 지속적으로 설치되어 사람 또는 사물의 움직임을 빛·온도·소리·압력 등을 이용하여 감지하고 전송하는 장치

3. 전자이름표: 전자파를 발신하고 추적하는 원리를 이용하여 사람의 위치를 확인하거나 이동경로를 탐지하는 일련의 기계적 장치

4. 물품검색기(고정식 물품검색기와 휴대식 금속탐지기를 말한다)

5. 증거수집장비: 디지털카메라, 녹음기, 비디오카메라 등 증거수집에 필요한 장비

[전문개정 2016. 9. 29.]

제24조의5(통제실의 운영) ① 원장은 전자장비의 효율적인 운용을 위하여 각종 전자장비를 통합적으로 관리할 수 있는 시스템이 설치된 통제실을 설치하여 운영한다.

② 원장은 통제실에 대한 외부인의 출입을 제한하여야 한다. 다만, 시찰·참관이나 그 밖에 원장이 특별히 필요하다고 인정하는 경우에는 외부인의 출입을 허가할 수 있다.

[본조신설 2016. 9. 29.]

제24조의6(영상정보처리기기의 설치 및 운영) ① 영상정보처리기기 중 카메라는 소년원등의 청사 정문·운동장, 외곽 담장, 생활관 내 복도, 각 생활실, 생활지도실, 그 밖에 보호소년등의 감호에 필요한 장소로서 법무부장관이 정하는 장소에 설치한다. 〈개정 2021. 4. 20.〉

② 영상정보처리기기 중 모니터는 상황실·생활지도실, 그 밖에

소년원등의 소속 공무원(이하 제24조의10까지에서 "소속공무원"이라 한다)이 보호소년등을 감호하기에 적정한 장소로서 법무부장관이 정하는 장소에 설치한다. 〈개정 2021. 4. 20.〉

③ 제1항 및 제2항에서 규정한 사항 외에 영상정보처리기기의 운영·관리 등에 관한 세부 사항은 법무부장관이 정한다.

[본조신설 2016. 9. 29.]

제24조의7(전자감지기의 설치) 전자감지기는 소년원등의 외곽 담장, 그 밖에 보호소년등의 이탈이나 외부로부터의 침입을 방지하기 위하여 필요한 장소로서 법무부장관이 정하는 장소에 설치한다. 〈개정 2021. 4. 20.〉

[본조신설 2016. 9. 29.]

제24조의8(전자이름표의 사용) 원장은 수용 중인 보호소년등의 안전사고 방지, 출석관리 등을 위하여 소년원등의 시설 내에서 보호소년등에게 전자이름표를 휴대하도록 할 수 있다. 〈개정 2021. 4. 20., 2022. 2. 7.〉

[본조신설 2016. 9. 29.]

[제목개정 2022. 2. 7.]

제24조의9(물품검색기 설치 및 사용) ① 고정식 물품검색기는 정문, 생활관 입구, 교육관 입구, 그 밖에 보호소년등이나 소년원등에 출입하는 외부인에 대한 신체·의류·휴대품의 검사가 필요한 장소에 설치한다. 〈개정 2021. 4. 20.〉

② 소속공무원이 영 제17조의3제1항에 따라 보호소년등의 신체·의류·휴대품을 검사하는 경우에는 특별한 사정이 없으면 고정식 물

품검색기를 통과하게 한 후 휴대식 금속탐지기나 손으로 이를 확인한다.

③ 소속공무원이 영 제18조제1항에 따라 소년원등을 출입하는 외부인의 의류와 휴대품을 검사하는 경우에는 고정식 물품검색기를 통과하게 하거나 휴대식 금속탐지기로 이를 확인한다. 〈개정 2021. 4. 20.〉

[본조신설 2016. 9. 29.]

제24조의10(증거수집장비의 사용) 소속공무원은 보호소년등이 사후에 증명이 필요하다고 인정되는 행위를 하거나 사후 증명이 필요한 상태에 있는 경우 보호소년등에 대하여 증거수집장비를 사용할 수 있다.

[본조신설 2016. 9. 29.]

제24조의11(녹음·녹화 기록물의 관리) 원장은 전자장비로 녹음·녹화된 기록물을 「공공기록물 관리에 관한 법률」에 따라 관리하여야 한다.

[본조신설 2016. 9. 29.]

제25조(소지품검사 및 시설점검) ① 원장은 보호소년등의 인원·소지품·이용시설 그 밖에 필요한 사항을 수시로 점검하고 보호소년등이 허가없이 외부인과 접촉하는 것을 금지하여야 한다.

② 원장은 보호소년등이 외출하거나 생활관을 출입할 때에는 반드시 소지품검사를 하여 부정물품반입을 예방하여야 한다.

③ 원장은 수시로 생활실 등 각종 시설의 이상유무, 부정물품의 은닉여부 그 밖에 필요한 사항을 점검하여야 한다.

[전문개정 2008. 6. 20.]

제26조(행동관찰) 원장은 보호소년등의 행동을 수시로 관찰하고 특이사항을 기록·유지하여 감호·분류심사 및 교정교육의 자료로 활용하여야 한다.

[전문개정 2008. 6. 20.]

제27조(사고발생보고) 원장은 영 제20조제1항에 따라 사고발생사실을 법무부장관에게 보고하는 경우에는 관련 자료와 대상자의 인적사항, 사고발생 일시·장소·내용·조치사항 등이 작성된 보고서를 첨부하여야 한다.

[전문개정 2008. 6. 20.]

제27조의2(규율 위반) 법 제14조의4제6호에서 "법무부령으로 정하는 규율을 위반하는 행위"란 다음 각 호의 행위를 말한다. 〈개정 2016. 9. 29.〉

1. 보호소년등이 이탈을 하는 행위
2. 다른 사람을 처벌받게 하거나 직원의 집무집행을 방해할 목적으로 거짓사실을 신고하는 행위
3. 보호장비, 전자장비, 그 밖의 보안시설의 기능을 훼손하는 행위
4. 음란한 행위를 하거나 다른 사람에게 성적 언동 등으로 성적 수치심 또는 혐오감을 느끼게 하는 행위
5. 다른 사람에게 부당한 금품을 요구하는 행위
6. 교육·면회·전화통화 등 다른 보호소년등의 정상적인 일과진행 또는 직원의 직무를 방해하는 행위
7. 문신을 하거나 이물질을 신체에 삽입하는 등 신체를 변형시키는 행위

8. 허가 없이 지정된 장소를 벗어나거나 금지구역에 출입하는 행위

9. 허가 없이 다른 사람과 만나거나 연락하는 행위

10. 수용생활의 편의 등 자신의 요구를 관철할 목적으로 이물질을 삼키는 행위

11. 인원점검을 회피하거나 방해하는 행위

12. 시설의 설비나 물품을 고의로 훼손하는 행위

13. 큰 소리를 내거나 시끄럽게 하여 다른 보호소년등의 평온한 생활을 방해하는 행위

14. 도박이나 그 밖에 사행심을 조장하는 놀이나 내기를 하는 행위

15. 지정된 생활실에 입실하기를 거부하는 등 정당한 사유 없이 직원의 직무상 지시나 명령을 따르지 아니하는 행위

[본조신설 2014. 1. 29.]

제4절 징계 · 포상

제28조(징계양정) ① 원장은 규율을 위반한 보호소년등을 징계할 때에는 별표 2의 보호소년등의 징계기준에 따라야 한다. 〈개정 2021. 4. 20.〉

② 삭제 〈2014. 1. 29.〉

③ 소년원장은 제1항에 따른 징계를 받은 보호소년에 대하여 각각 다음 각 호에 따른 점수를 해당 보호소년의 교정성적에서 뺀다. 〈개정 2014. 1. 29., 2016. 9. 29.〉

1. 훈계: 30점

2. 원내봉사활동: 50점

3. 서면사과: 30점

4. 텔레비전 시청 제한: 50점

5. 단체 체육활동 정지: 50점

6. 공동행사 참가 정지: 50점

7. 7일 미만의 근신: 60점

8. 7일 이상의 근신: 1일에 각 10점

④ 보호소년에 대하여 법 제15조제2항에 따라 여러 처분을 함께 부과하는 경우에는 제3항 각 호에 따른 점수가 가장 높은 처분의 점수만을 해당 보호소년의 교정성적에서 뺀다. 〈신설 2016. 9. 29.〉

⑤ 소년분류심사원장은 징계를 받은 위탁소년 및 유치소년에 대하여는 분류심사관에게 통보하여 분류심사에 반영하여야 한다. 〈개정 2014. 1. 29., 2016. 9. 29.〉

[전문개정 2008. 6. 20.]

제28조의2(징계대상행위 조사 시 준수사항) 영 제24조의2에 따라 징계대상행위에 대하여 조사하는 직원은 다음 각 호의 사항을 준수하여야 한다.

1. 인권침해가 발생하지 아니하도록 유의할 것

2. 조사의 이유를 설명하고, 충분한 진술의 기회를 제공할 것

3. 공정한 절차와 객관적 증거에 따라 조사하고, 선입견이나 추측에 따라 처리하지 아니할 것

4. 형사 법률에 저촉되는 행위에 대하여 징계 부과 외에 형사입건조치가 요구되는 경우에는 형사소송절차에 따라 조사대상자에게 진술을 거부할 수 있다는 것과 변호인을 선임할 수 있다는 것을 알

릴 것

[본조신설 2014. 1. 29.]

第29조(포상) 원장은 별표 2의2의 보호소년등의 포상기준에 따라 교정성적이 우수한 학생에 대하여 처우·징계위원회의 심사를 거쳐 포상을 할 수 있다. 다만, 모범상 및 공로상은 직원 2명 이상의 추천을 받아야 한다. 〈개정 2021. 4. 20.〉

[전문개정 2008. 6. 20.]

第30조(징계·포상의 기록) 원장은 보호소년등의 징계 또는 포상에 관한 사항을 소년관리기록부 및 별지 제6호서식의 상벌대장에 기록·관리하여야 한다.

[전문개정 2008. 6. 20.]

제5절 급여 등

第31조(급여품관리부의 작성) 보호소년등에게 물품을 급여 또는 대여할 때에는 별지 제7호서식의 개인별 급여품관리부에 그 내용을 기록·관리하여야 한다.

[전문개정 2008. 6. 20.]

第32조(물품반입) ① 원장은 별표 3의 분기별 반입품 허가기준에 따라 자체실정에 맞는 반입기준을 정하여 물품의 반입을 허가할 수 있다. 다만, 다음 각 호의 어느 하나에 해당한다고 인정되는 물품에 대하여는 반입을 허가하지 아니한다.

1. 교육에 유해하다고 인정되는 물품
2. 위화감을 조장할 수 있다고 판단되는 고가품

3. 적정 소요량을 초과한 것으로 인정되는 물품

② 반입품은 별지 제8호서식의 개인별 반입품관리부에 기록ㆍ관리하여야 한다.

[전문개정 2008. 6. 20.]

제6절 면회ㆍ외출

제33조(면회장소) ① 법 제18조제1항에 따른 보호소년등의 면회는 면회실에서 하여야 한다.

② 면회실에는 상담직원을 배치하고 다음 각 호의 사항을 구비하여 면회인의 편의를 도모하며 수시로 의견을 청취하여 민원개선에 노력하여야 한다.

1. 면회시간ㆍ절차 및 면회시 유의사항 등이 작성된 안내문

2. 청원함

③ 원장은 제1항에도 불구하고 특별한 사유가 있으면 면회인과 보호소년등이 보다 안정된 분위기 속에서 면회를 할 수 있도록 별도의 장소를 활용할 수 있다.

[전문개정 2008. 6. 20.]

제34조(면회절차) ① 원장은 면회를 신청하는 사람의 성명ㆍ주소 및 보호소년등과의 관계 등을 확인하고 면회허가여부를 결정하여야 한다.

② 원장은 면회를 신청하는 사람이 해당 사건의 변호인 또는 수사관련 공무원인 경우에는 신분 및 면회신청사유 등을 확인한 후 면회를 허가하여야 한다.

[전문개정 2008. 6. 20.]

第35조(공휴일의 면회) 원장은 보호소년등을 면회할 목적으로 방문하는 민원인의 편의를 도모하기 위하여 제36조 각 호의 어느 하나에 해당하는 특별한 사유가 있는 경우에는 공휴일에도 별도의 면회 장소 및 시간을 지정하여 면회를 허가할 수 있다. 이 경우 별지 제9호서식의 시간외 면회부에 그 내용을 기록·관리하여야 한다. 〈개정 2014. 1. 29.〉

[전문개정 2008. 6. 20.]

第36조(면회의 특례) 영 제36조제1항 단서에 따른 특별한 사유는 다음 각 호의 어느 하나에 해당하는 경우를 말한다.

1. 처음 면회온 사람으로서 면회에 관한 법령을 알지 못한 경우
2. 환자인 보호소년등을 면회하는 경우
3. 보호소년등의 직계존속이 원격지에서 면회를 오는 경우
4. 통신방을 이용한 화상면회를 하는 경우
5. 사전에 면회예약신청을 통하여 원장의 허가를 받은 경우
6. 교정교육 활동의 하나로 사전에 수립된 계획에 포함된 경우
7. 보호소년등의 가족관계 개선 등을 위하여 원장이 특별히 필요하다고 인정하는 경우

[전문개정 2008. 6. 20.]

第36조의2(전화통화의 방법 등) ① 원장은 법 제18조제6항에 따른 전화통화를 할 수 있는 별도의 장소를 지정하여야 한다.

② 전화통화는 평일 근무시간에 한정한다. 다만, 원장은 특별히 필요하다고 인정하는 경우에는 야간 및 휴일에도 전화통화를 허가할

수 있다.

③ 제1항 및 제2항에서 규정한 사항 외에 전화통화의 신청 및 기록 등에 관한 세부 사항은 법무부장관이 정한다.

[본조신설 2014. 1. 29.]

제37조(외출의 신청) ① 보호소년이 법 제19조에 따른 외출을 허가받으려면 별지 제10호서식의 외출신청서를 작성하여 해당 소년원장에게 제출하여야 한다.

② 보호소년 또는 그 보호자가 영 제40조 단서에 따라 외출을 연장하려면 외출기간이 종료되기 전에 별지 제10호서식에 따른 외출기간연장신청서를 제출하고 소년원장의 허가를 받아야 한다. 〈개정 2012. 8. 2.〉

[전문개정 2008. 6. 20.]

제38조 삭제 〈2014. 1. 29.〉

제39조(외출시 준수사항) ① 영 제41조제1항에 따른 준수사항에는 다음 각 호의 내용이 포함되어야 한다.

1. 재범의 유혹이나 충동을 느낄 수 있는 장소에 출입하지 아니할 것

2. 사행행위를 하지 아니할 것

3. 음주 · 흡연을 하지 아니할 것

4. 마약 · 향정신성의약품 · 대마 등 오 · 남용의 위험성이 있거나 건강에 해로운 물질을 사용하지 아니할 것

5. 그 밖에 보호자의 훈육의지에 반하는 행위나 불량한 교우관계를 형성하지 아니할 것

② 소년원장은 보호소년의 자유를 부당하게 제한하지 아니하는 범위에서 제1항에 따른 준수사항 외에 별도의 특별한 준수사항을 부과할 수 있다.

③ 영 제66조 및 영 제76조에 따른 통학 또는 통근취업 대상자에 대하여는 제1항 및 제2항의 규정을 준용한다.

[전문개정 2008. 6. 20.]

제7절 진료 및 보건

제40조(보건 · 위생관리계획 수립 등) ① 원장은 보호소년등의 보건 · 위생관리를 위한 종합대책과 세부생활지도계획을 분기별로 수립 · 시행하여야 한다.

② 원장은 제9조제2항제3호에 따른 신체검사 등을 통하여 문신이 있는지 확인하고 해당 보호소년등이 문신제거 시술을 원하는 경우에는 신청에 의하여 문신제거 시술을 할 수 있다.

[전문개정 2008. 6. 20.]

제41조(청결의 유지) ① 원장은 보호소년등의 보건위생을 위하여 보호소년등의 신체 · 의류 · 거실 · 침구 · 식기 · 취사장 · 화장실 그 밖의 생활환경을 청결히 하도록 하여야 한다.

② 원장은 제1항에 따른 생활환경의 청결유지상태를 월 1회 이상 점검하여야 한다.

[전문개정 2008. 6. 20.]

제42조(이발과 목욕) 원장은 위생을 위해 보호소년등이 이발과 목욕을 수시로 하게 해야 한다.

[전문개정 2021. 4. 20.]

제43조(체력검사 등) ① 영 제42조에 따른 정기검진은 분기별로 1회 이상 실시하되, 「학교건강검사규칙」 제4조 및 제5조에 따른 신체검사 및 건강검진이 연 1회 이상 포함되어야 한다.

② 영 제3조제1항제1호에 따른 초·중등교육소년원(이하 "소년원학교"라 한다)의 원장(이하 "소년원학교장"이라 한다)은 보호소년을 대상으로 연 1회 이상 체력검사를 실시하고 그 결과를 기록·유지해야 한다. 〈개정 2021. 4. 20.〉

③ 제2항에 따른 체력검사의 대상·종목·시기·방법·급수판정 및 관리 등에 관하여는 「학교건강검사규칙」 제7조부터 제9조까지의 규정을 준용한다.

[전문개정 2008. 6. 20.]

제44조(환자발생 보고) 영 제43조에 따른 외부 의료기관 의료조치에 관한 보고는 제27조를 준용한다. 〈개정 2021. 4. 20.〉

[전문개정 2008. 6. 20.]

제44조의2(진료기록부등의 보존) 법무부장관은 법 제20조의2제1항에 따른 진료기록부등(이하 "진료기록부등"이라 한다)을 「의료법 시행규칙」 제15조제1항에 따른 기간 동안 보존해야 한다.

[본조신설 2021. 4. 20.]

제44조의3(진료기록부등의 송부 및 요청) ① 소년원등의 소속 의료인은 보호소년등의 치료를 위하여 보호소년등을 진료한 의료인 또는 의료기관의 장에게 「의료법」 제22조 또는 제23조에 따른 진료기록의 내용 확인이나 진료기록의 사본 및 환자의 진료경과에 대한 소

견 등을 송부하거나 전송할 것을 요청하는 경우에는 같은 법 제21조의2제1항에 따라 해당 보호소년이나 그 보호자의 동의를 받아야 한다.

② 소년원등의 소속 의료인은 의료재활소년원 출원생이 외래진료를 받은 법 제20조의3제2항 전단에 따라 법무부장관이 지정하는 기관(이하 “지정법무병원”이라 한다)의 의료인 또는 의료기관의 장으로부터 「의료법」 제21조의2에 따라 요청받은 같은 법 제22조 또는 제23조에 따른 진료기록의 내용 확인이나 진료기록의 사본 및 환자의 진료경과에 대한 소견 등을 송부 또는 전송하려는 경우에는 해당 출원생이나 그 보호자의 동의를 받아야 한다.

[본조신설 2021. 4. 20.]

제44조의4(출원생의 외래진료의 기간·방법) ① 법 제20조의3제1항 및 제2항에 따른 외래진료기간은 의료재활소년원 출원일부터 10년의 범위로 한다.

② 법 제20조의3제1항 및 제2항에 따른 외래진료의 방법은 영 제3조제1항제3호의 약물 오·남용 및 정신장애에 대한 의료재활을 위하여 필요한 정신건강의학과 의사의 진료, 검사시설에 의한 검사, 처방 및 투약 등으로 한다.

[본조신설 2021. 4. 20.]

제44조의5(출원생의 외래진료 진료비용 지원) ① 법무부장관은 법 제20조의3제2항 전단에 따라 의료재활소년원 출원생이 지정법무병원에서 외래진료를 받도록 한 경우에는 같은 항 후단에 따라 예산의 범위에서 지정법무병원에 외래진료 진료비용(「국민건강보험법」,

「의료급여법」, 그 밖의 다른 법령에 따라 의료재활소년원 출원생 또는 보호자등이 부담하지 않는 비용은 제외한다)을 지급한다.

② 제1항에 따라 외래진료 진료비용을 지급받으려는 지정법무병원의 장은 별지 제11호서식의 외래진료 진료비용 지급 청구서에 의료재활소년원 출원생별 진료비 계산서를 첨부하여 「치료감호 등에 관한 법률 시행령」 제4조의5제2항에 따른 제출기간에 법무부장관에게 제출해야 한다.

[본조신설 2021. 4. 20.]

제8절 금품의 보관 등

제45조(물품의 보관) 원장은 보호소년등의 물품을 보관할 때에는 세탁·소독 그 밖의 적당한 조치를 한 후 주의하여 보관하여야 한다.

[전문개정 2008. 6. 20.]

제46조(보관금품 보관증) 영 제47조 전단에 따른 보관금품 보관증은 별지 제12호서식에 따른다.

[전문개정 2016. 9. 29.]

제47조(기증품 사용관리) 원장은 영 제49조제1항에 따라 기증품을 접수하면 기증인에게 별지 제13호서식에 따른 영수증을 발급하고, 별지 제14호서식에 따른 기증품관리대장에 기록한 후 사용하여야 하며, 그 사용결과를 기증자에게 통보하여야 한다.

[전문개정 2008. 6. 20.]

제3장 분류심사 등 〈개정 2008. 6. 20.〉

제48조(분류심사의 방법 및 구분 등) ① 법 제3조제2항 각 호에 따른 분류심사, 상담조사 및 검사의 결정 전 조사(이하 "분류심사등"이라 한다)는 면접조사, 심리검사, 정신의학적 진단, 행동관찰, 자기기록 검토, 자료조회, 현지조사 등의 방법에 따른다. 〈개정 2021. 4. 20.〉

② 분류심사는 다음 각 호와 같이 구분한다.

1. 일반분류심사: 문제 또는 비행원인이 비교적 단순한 소년에 대하여 면접조사와 신체의학적 진찰, 집단검사, 자기기록 검토, 자료조회, 행동관찰 등을 주로 하여 실시하는 분류심사

2. 특수분류심사: 일반분류심사결과 문제 또는 비행원인이 중대하고 복잡한 소년에 대하여 개별검사와 정신의학적 진단, 현지조사 등을 추가하여 실시하는 분류심사

③ 분류심사의 실시기준은 별표 4와 같다.

[전문개정 2008. 6. 20.]

제49조(면접조사) ① 면접조사는 다음 각 호의 구분에 따른 방법으로 하여야 한다. 〈개정 2010. 12. 13., 2021. 4. 20.〉

1. 법 제3조제2항 각 호의 소년에 대한 면접조사의 경우: 직접 면담하는 방법

2. 법 제3조제2항 각 호의 소년의 보호자 및 그 밖의 참고인에 대한 면접조사의 경우: 직접 면담하거나 전화 등을 이용하는 방법

② 분류심사관은 면접대상자가 심리적 안정감을 가질 수 있도록 친절하게 대하고 용모 · 태도 · 언어 등에 유의하여야 한다.

[전문개정 2008. 6. 20.]

第50条(행동관찰) ① 소년에 대한 행동관찰은 객관적이고 신뢰성있게 하고 그 결과가 분류심사등에 유용하도록 제공되어야 한다.

② 소년분류심사원장은 행동관찰 업무를 적정하게 하기 위하여 담당직원의 교육, 부서간의 협조 독려 그 밖에 필요한 조치를 하여야 한다.

[전문개정 2008. 6. 20.]

第51条(분류심사관의 임명 등) ① 소년분류심사원장은 법 제25조제2항에 따라 다음 각 호의 어느 하나에 해당하는 사람 중에서 분류심사관을 임명하여야 한다. 〈개정 2011. 4. 5., 2022. 12. 19.〉

1. 법무부장관이 정하는 바에 따라 분류심사관의 자격 인정을 받은 사람

2. 분류심사 업무를 목적으로 특별채용된 사람

3. 법 제24조제2항에 규정된 분야의 학사 이상의 학위를 소지한 사람으로서 소년원, 소년분류심사원, 보호관찰소 또는 이와 유사한 시설에서 3년 이상 근무한 경력(학위 취득 전의 경력을 포함한다)이 있는 사람

② 소년분류심사원장은 각종 전문교육, 관련 학회 등에 분류심사관의 참여를 적극 권장하는 등 분류심사관의 자질향상을 위하여 노력하여야 한다. 〈개정 2010. 12. 13.〉

③ 소년분류심사원장은 분류심사에 필요한 각종 검사기구의 구비, 전문성 증진을 위한 연구개발지원 등 분류심사의 과학화를 위하여 노력하여야 한다. 〈개정 2010. 12. 13.〉

[전문개정 2008. 6. 20.]

[제목개정 2011. 4. 5.]

제52조(분류심사 결과 등의 통지) 법 제26조에 따른 청소년심리검사 등의 결과 및 법 제27조에 따른 분류심사 결과 등을 통지할 때에는 법무부장관이 별도로 정한 서식에 따른다.

[전문개정 2008. 6. 20.]

제4장 교정교육 등

제1절 총칙 〈개정 2008. 6. 20.〉

제53조(신입자교육) ① 소년원장은 신입보호소년에 대하여 생활규범지도, 기초교육, 적응훈련 그 밖에 필요한 지도를 함으로써 신입보호소년이 소년원에 신속히 적응하고 심신의 안정을 도모할 수 있도록 하여야 한다.

② 제1항에 따른 신입자교육기간은 10일 이내로 한다.

[전문개정 2008. 6. 20.]

제54조(기본교육) 소년원장은 제53조에 따른 신입자교육을 마친 보호소년에 대하여는 인문·실업·특성화·인성교육 또는 직업능력개발훈련, 특별활동, 생활지도 그 밖에 필요한 기본교육을 실시하여야 한다.

[전문개정 2008. 6. 20.]

제55조(사회복귀교육) ① 소년원장은 보호소년이 제54조에 따른 기본교육과정을 마치고 퇴원 또는 임시퇴원의 요건을 갖춘 때에는 사회적응에 필요한 진로상담, 장래의 생활설계에 대한 지도, 퇴원 또는 임시퇴원 후의 준수사항에 대한 교육 그 밖에 사회복귀에 필요

한 교육을 실시한다.

② 소년원장은 제1항에 따른 보호소년에게 퇴원이나 임시퇴원 후에도 자립생활관 이용, 취업알선 및 창업보육 등의 사회정착지원을 받을 수 있음을 알려 주어야 한다. 〈개정 2016. 9. 29., 2021. 4. 20.〉

③ 제1항에 따른 사회복귀교육기간은 10일 이내로 한다.

[전문개정 2008. 6. 20.]

제56조 삭제 〈2014. 1. 29.〉

제57조(여름철 및 겨울철의 지도) 소년원장은 여름철과 겨울철에 상당기간을 방학기간으로 정하여 특별활동 및 생활지도 중심의 교정교육을 할 수 있다.

제58조 삭제 〈2008. 6. 20.〉

제59조(소년관리기록부 등) ① 영 제58조제1항에 따른 소년관리기록부에는 다음 각 호의 자료가 포함되어야 한다. 〈개정 2014. 1. 29., 2021. 4. 20.〉

1. 신상조사(상반신 사진 및 가정 · 학교 · 사회 등 환경조사사항을 포함한다)

2. 처분결정서

2의2. 유치허가장 사본 또는 위탁결정서(해당 사유가 있는 경우로 한정한다)

3. 비행개요

4. 건강 · 신체특징조사(병력 · 문신 · 자해상황 등을 포함한다)

5. 삭제 〈2021. 4. 20.〉

6. 심리검사 결과

7. 개별처우계획

8. 처우기간 조정내역(해당사유가 있는 경우로 한정한다)

9. 범죄경력조회 회보서 및 수사경력조회 회보서(해당 사유가 있는 경우로 한정한다)

10. 분류심사서 또는 상담조사서(법 제3조제2항에 따른 분류심사 또는 조사를 받은 경우에 한정한다)

11. 행동관찰기록

12. 상담기록

13. 면회 · 통신기록

14. 교육훈련성적

15. 신상변동기록

16. 그 밖에 분류심사 관련자료 등의 증빙자료

② 원장은 보호소년등을 다른 기관으로 이송할 때에는 영 제64조에 따른 학교생활기록부와 함께 소년관리기록부를 송부하여야 한다.

[전문개정 2008. 6. 20.]

제2절 초 · 중등교육

제60조(학칙) ① 소년원학교장은 학칙을 제정하거나 개정할 때에는 법무부장관의 승인을 받아야 한다.

② 제1항에 따른 학칙에는 다음 각 호의 사항이 포함되어야 한다.

1. 수업연한 · 학년 · 학기 및 휴업일

2. 학급편제 및 학생정원(학급당 편성인원은 30명 이내로 한다)

3. 교과 · 수업일수 및 시험과 과정수료의 인정

4. 입학 · 재입학 · 편입학 · 전학 · 수료 및 졸업

5. 학생포상 및 징계

6. 학생자치활동의 조직 및 운영

7. 학칙개정 절차

8. 그 밖에 법령에서 정하는 사항

[전문개정 2008. 6. 20.]

第61條(학칙 등에 관한 통지) 소년원학교장은 학사운영에 관한 긴밀한 협력을 도모하기 위하여 관할 시 · 도교육감 또는 시 · 군 · 자치구 교육장에게 소년원학교에 관한 다음 각 호의 사항을 통지하여야 한다.

1. 명칭

2. 위치

3. 학칙

4. 그 밖에 학사운영에 관하여 필요한 사항

[전문개정 2008. 6. 20.]

第62條(업무연구 등) 원장은 교정교육 전반을 창의적으로 개선하고 업무능률을 향상시키기 위하여 직원으로 하여금 업무연구 또는 연구수업을 실시하게 하고, 연구발표회 등의 참관을 적극 권장하여야 한다.

[전문개정 2008. 6. 20.]

第63條(보충수업) 소년원학교장은 보호소년의 학력신장과 수업일수의 충족 등을 위하여 필요하다고 인정하면 평일의 경우 1일 2시간,

휴업일의 경우 1일 8시간의 범위에서 보충수업을 실시할 수 있다. 〈개정 2014. 1. 29., 2021. 4. 20.〉

[전문개정 2008. 6. 20.]

[제목개정 2014. 1. 29.]

제64조(학적자료 송부 등) 소년원학교장은 보호소년이 법 제32조에 따라 다른 학교로 전학하거나 편입학을 하는 경우에는 전학 또는 편입학한 학교에 학교생활기록부 전산자료와 용지에 출력한 출력물 및 건강기록부를 송부하고, 소년원학교에는 그 사본을 소년관리기록부와 함께 보관하여야 한다.

[전문개정 2008. 6. 20.]

제65조(졸업장의 발급 등) ① 영 제67조에 따라 졸업대상자로 결정된 보호소년에 대하여는 별지 제18호서식의 졸업대장에 기록하고, 별지 제19호서식의 졸업증서를 발급한다.

② 법 제34조제1항에 따라 전적학교(前籍學校)의 졸업장 취득을 위해 학적사항을 통지하는 방법 및 절차 등에 관하여는 제64조를 준용한다. 〈개정 2021. 4. 20.〉

③ 제1항에 따른 졸업장 및 법 제34조에 따른 전적학교의 졸업장은 가능하면 보호소년이 모두 모인 장소에서 소년원학교장이 본인에게 직접 수여해야 한다. 〈개정 2021. 4. 20.〉

[전문개정 2008. 6. 20.]

제66조(졸업증명서 등 서식) 영 제68조에 따른 졸업증명서 · 성적증명서 · 수료(제적)증명서 · 재학증명서는 각각 별지 제20호서식부터 별지 제23호서식까지에 따른다.

[전문개정 2008. 6. 20.]

제3절 직업능력개발훈련

제67조(직종의 신설 또는 폐지) ① 소년원장은 필요하다고 판단되는 경우 「근로자직업능력 개발법」에서 고용노동부장관이 정한 직업능력개발훈련기준에 따라 직업능력개발훈련 직종을 신설 또는 폐지할 수 있다. 이 경우 지방고용노동관서의 장과 협의를 거쳐 법무부장관의 승인을 받아야 한다. 〈개정 2014. 1. 29.〉

② 소년원장은 제1항에 따라 직업능력개발훈련 직종을 신설하거나 폐지하는 경우에는 산업계의 인력수요를 조사·파악하여 이를 적절히 반영하여야 한다.

③ 제1항에 따라 신설되는 직종의 수업일수, 교과편성 그 밖에 필요한 사항은 법무부장관의 승인을 받아 소년원장이 정한다.

[전문개정 2008. 6. 20.]

제68조(직업능력개발훈련 대상자) ① 직업능력개발훈련을 받을 수 있는 보호소년은 15세 이상으로 한다.

② 소년원장은 훈련직종 또는 훈련과정에 따라 보호소년의 연령 또는 학력의 기준을 따로 정할 수 있다.

[전문개정 2008. 6. 20.]

제69조(통근취업 보호소년의 관리) ① 소년원장은 법 제37조제1항에 따라 통근취업을 하는 보호소년의 원만한 적응과 교통편의 등을 위하여 예산의 범위에서 통근취업 기간 중의 교통비 전액 또는 일부를 지원할 수 있다.

② 소년원장은 보호소년의 통근취업으로 발생한 보수 등에 관하여는 영 제47조의 규정을 준용하여 관리하여야 한다.

③ 영 제76조제2항에 따른 통근취업약정서는 별지 제24호서식에 따른다.

[전문개정 2008. 6. 20.]

제4절 생활지도 등

제70조(보호소년등의 일과) ① 원장은 보호소년등의 심신이 조화롭게 성장·발달할 수 있도록 일과를 진행하여야 한다.

② 원장은 보호소년등이 8시간 이상 취침할 수 있도록 하여야 한다. 다만, 수업시간 수 확보 등 교육과정의 운영상 불가피한 경우에는 그러하지 아니하다.

③ 원장은 교정교육상 특히 필요한 경우를 제외하고는 보호소년등의 정서함양을 위하여 공휴일에는 직원의 지도로 보호소년등이 다양한 여가선용프로그램에 참여하거나 휴식할 수 있도록 하여야 한다.

④ 국경일 및 스승의 날, 성년의 날 등 교육적으로 필요하다고 인정되는 기념일에는 경축·기념의식 또는 관련 교육행사를 가질 수 있다. 〈개정 2014. 1. 29.〉

[전문개정 2008. 6. 20.]

제71조(종교활동) 종교활동은 휴업일에 하는 것을 원칙으로 한다. 다만, 원장이 필요하다고 인정하면 교육과정의 이수에 지장이 없는 범위에서 휴업일이 아닌 날에도 할 수 있다. 〈개정 2021. 4. 20.〉

[전문개정 2008. 6. 20.]

[제목개정 2021. 4. 20.]

제72조(보호소년자치회) ① 소년원장은 보호소년이 자발적으로 교육목표를 달성할 수 있도록 자치회를 조직하여 운영하게 할 수 있다.

② 제1항에 따른 자치회는 소년원의 관리 · 규율 · 설비 · 급양(給養) · 의료 및 위생에 관한 업무에 관여할 수 없다. 다만, 소년원장 또는 직원이 함께 참석하여 자치회를 개최하는 경우에는 관련 의견을 제시할 수 있다. 〈개정 2022. 2. 7.〉

③ 제1항에 따른 자치회의 대표자와 임원의 임면, 자치회의 조직 및 운영에 관하여 필요한 사항은 소년원장이 정한다.

[전문개정 2008. 6. 20.]

제73조(대안교육) ① 원장은 법 제42조의2에 따른 대안교육과정의 운영을 위한 계획을 수립하여 시행하여야 한다.

② 제1항에 따른 대안교육과정운영계획에는 다음 각 호의 내용이 포함되어야 한다. 다만, 교육기간 및 대상에 따라 이를 달리 수립 · 시행할 수 있다. 〈개정 2014. 1. 29.〉

1. 자기반성을 통한 자기관리능력 증진 및 올바른 가치관 정립
2. 준법의식 고취 및 청소년비행문제 인식
3. 당면문제에 대한 현실적 대응능력 함양
4. 약물오 · 남용, 학교폭력 및 성폭력 예방
5. 봉사활동 등 체험교육
6. 감수성훈련 · 인간관계훈련 등 심성훈련
7. 그 밖에 미래에 대한 계획수립

③ 원장은 대안교육대상자와 보호소년등을 분리하여 관리하여야

한다.

[전문개정 2008. 6. 20.]

제74조(보호자상담 등) ① 원장은 교정교육의 효과를 높이기 위하여 필요하다고 인정되는 경우에는 관계직원으로 하여금 보호자상담을 실시하게 할 수 있다.

② 관계직원이 제1항에 따른 보호자상담을 실시하려는 때에는 지정된 장소에서 실시하고 별지 제25호서식의 보호자상담부에 상담내용을 기록·유지하여야 한다.

③ 영 제86조제1항에 따른 보호자교육의 대상자를 선정하는 때에는 제1항에 따른 보호자상담 결과를 고려하여야 한다.

[전문개정 2008. 6. 20.]

제5장 출원 〈개정 2008. 6. 20.〉

제75조(퇴원·임시퇴원 심사의 신청) ① 소년원장이 법 제43조제3항 및 제44조에 따라 관할 보호관찰심사위원회에 보호소년의 출원심사를 신청하는 경우에는 처우·징계위원회의 심사를 거쳐 퇴원, 임시퇴원 여부를 구분하여 신청해야 한다. 〈개정 2021. 4. 20.〉

②제1항에 따른 보호소년의 출원에 관한 처우·징계위원회의 심사를 할 때에는 보호소년의 생활태도, 교정성적, 사회적응 정도 및 보호자의 보호력 등을 종합적으로 고려해야 한다. 〈개정 2021. 4. 20.〉

③그 밖에 보호소년의 출원에 관한 처우·징계위원회의 심사 및 보호관찰심사위원회로의 심사 신청에 관한 사항은 법무부장관이 따로 정한다. 〈개정 2021. 4. 20.〉

[전문개정 2008. 6. 20.]

제76조(재 · 퇴원증명서) 영 제87조의2에서 "법무부령으로 정하는 재 · 퇴원증명서"란 다음 각 호의 구분에 따른 서식을 말한다.

1. 보호소년의 경우: 별지 제25호의2서식

2. 위탁소년, 유치소년의 경우: 별지 제25호의3서식

[본조신설 2020. 3. 6.]

제77조(특별 임시퇴원) 소년원장은 보호소년이 다음 각 호의 어느 하나에 해당하는 사유가 있는 경우에는 증빙서류를 첨부하여 특별 임시퇴원허가를 신청할 수 있다. 〈개정 2021. 4. 20.〉

1. 중환자에 해당되어 소년원에서 치료가 불가능하거나 장기 치료가 필요하여 교육훈련의 실효성을 기대하기 곤란한 경우

2. 심신의 현저한 장애, 임신 또는 출산 등으로 특별한 보호가 필요한 경우

3. 부양의무가 있는 사람으로서 본인이 직접 부양하지 아니하면 피부양 가족의 생계 유지가 곤란한 경우

4. 각급학교의 입학시험에 합격하여 진학이 확정되었거나 별표 2의2에 따른 우수상 · 기능상을 수상한 자로서 입상 또는 취득자격과 관련이 있는 업체에 취업이 확정된 경우

5. 수용사고방지 등 현저한 선행이 있고 재비행의 우려가 없다고 인정되는 경우

6. 입영 · 이민 그 밖에 특별한 사유가 있는 경우

[전문개정 2008. 6. 20.]

제78조(임시퇴원자의 보호관찰자료 제공 등) ① 소년원장은 보호소

년이 임시퇴원하는 경우에는 보호관찰의 실효성을 높이기 위하여 지체 없이 임시퇴원자에 관한 분류심사서 사본 및 별지 제26호서식의 교육·생활지도부 등을 해당 보호관찰소에 송부하여야 한다. 〈개정 2014. 1. 29.〉

② 소년원장은 법 제46조제1항에 따른 계속수용의 사유가 소멸하여 보호소년을 보호자등에게 인도할 때에는 보호소년과 보호자등에게 지체 없이 관할보호관찰소에 출석·신고할 것을 고지하고 보호관찰소장에게 출원사실을 통보하여야 한다.

[전문개정 2008. 6. 20.]

제79조(퇴원증 또는 임시퇴원증의 교부 등) ① 소년원장은 퇴원 또는 임시퇴원이 허가된 보호소년에 대하여 수료식을 실시하고 별지 제27호서식에 따른 퇴원증 또는 별지 제28호서식에 따른 임시퇴원증을 내주어야 한다.

② 소년원장은 임시퇴원자에 대하여 보호관찰기간 중의 준수사항을 이행하도록 교육하고 신고기일 이내에 관할보호관찰소에 출석하여 신고할 것을 알려주어야 한다.

[전문개정 2008. 6. 20.]

제80조(보호소년의 인도) ① 법 제45조제1항에 따른 보호소년의 인도에 관한 통지는 별지 제29호서식에 따른다.

② 소년원장은 법 제45조제2항에 따라 보호소년을 보호자, 사회복지단체 또는 독지가 등에게 인도할 때에는 별지 제30호서식의 보호자인도부에 그 사실을 기록·유지하여야 한다.

[전문개정 2008. 6. 20.]

제81조(사회정착지원) ① 원장은 법 제45조의2에 따른 사회정착지원에 관한 계획을 수립·시행하여야 한다. 〈개정 2016. 9. 29.〉

② 제1항에 따른 계획은 취업·진학 등 보호소년등의 진로를 고려하여 수립하되, 이 계획에는 방문·출석·통신지도 등 사회정착지원 방법과 기간·횟수 등의 구체적인 내용이 포함되어야 한다. 〈개정 2016. 9. 29.〉

③ 원장은 제1항에 따른 계획을 수립하기 전에 보호소년등으로부터 사회정착지원을 희망하는 구체적인 분야 등을 청취한 후 이를 계획에 반영하여야 한다. 〈개정 2016. 9. 29.〉

④ 원장은 법 제45조의2제2항에 따라 사회정착지원 기간을 연장하려는 경우에는 보호소년등의 재범 여부, 취업·진학 여부, 주거 안정 여부, 그 밖에 사회정착지원의 필요성 등을 고려하여 판단하여야 한다. 〈개정 2016. 9. 29.〉

⑤ 원장은 보호소년등이 무의탁소년인 경우에는 법 제51조에 따른 소년보호협회가 영 제98조에 따라 운영하는 자립지원시설의 이용지원, 취업알선, 그 밖에 필요한 사회정착지원을 하여야 한다. 〈개정 2016. 9. 29.〉

[전문개정 2008. 6. 20.]

[제목개정 2016. 9. 29.]

제81조의2 삭제 〈2021. 4. 20.〉

제82조 삭제 〈2016. 9. 29.〉

제83조(퇴원 또는 임시퇴원자의 계속수용) ① 법 제46조제1항에 따른 보호소년의 계속수용은 다음 각 호의 어느 하나에 해당하는 사

유로 해당 보호소년과 보호자등이 희망하는 경우에 한정한다.

1. 질병에 걸려 치료가 필요한 경우(제77조제1호 또는 제2호에 해당하는 경우는 제외한다)

2. 진학

3. 기능자격 취득

4. 재능 또는 특기의 지속적 계발

② 보호소년과 보호자등이 제1항에 따른 사유로 계속수용을 희망할 때에는 퇴원일 또는 임시퇴원일을 기준으로 7일 전까지 별지 제32호서식의 계속수용신청서를 소년원장에게 제출해야 한다. 〈개정 2021. 4. 20.〉

③ 소년원장은 제2항에 따른 계속수용신청서를 접수받은 경우에는 처우·징계위원회의 심의를 거쳐 계속수용을 허용할 수 있다. 이 경우 해당 보호소년에게 계속수용 중의 준수사항을 지시할 수 있다. 〈개정 2021. 4. 20.〉

④ 계속수용기간은 다음 각 호와 같다. 이 경우 보호소년의 의사를 존중하여야 한다.

1. 제1항제1호부터 제3호까지의 경우: 6개월 이내

2. 제1항제4호의 경우: 보호소년이 법 제43조제1항에 따른 연령에 도달할 때까지의 기간 이내

⑤ 계속수용의 교육과정은 특별한 프로그램이 마련된 경우를 제외하고는 퇴원 또는 임시퇴원허가 이전의 기본교육과정으로 분류하여야 한다.

⑥ 법 제46조제3항에 따른 보호소년의 계속수용사실의 통지는 별

지 제33호서식에 따른다.

[전문개정 2008. 6. 20.]

제84조(임시퇴원취소자 인수소년원의 사후조치) ① 영 제88조제2항에 따라 임시퇴원취소자의 신병을 인수한 소년원장은 지체 없이 임시퇴원 당시의 해당 소년원장에게 신병인수 사실을 알리고, 가정·학교·사회환경 및 임시퇴원 기간 중의 생활상태를 종합심사하기 위한 처우·징계위원회의 심사를 거쳐 자체수용 또는 이송여부를 결정해야 한다. 〈개정 2021. 4. 20.〉

② 제1항에 따라 임시퇴원취소자를 자체수용하기로 결정한 때에는 지체 없이 임시퇴원 당시의 해당 소년원장에게 그 사실을 알리고, 개별처우계획의 수립에 필요한 자료의 제출을 요구할 수 있다.

③ 제1항에 따라 이송을 결정한 때에는 지체 없이 임시퇴원취소자의 신병을 임시퇴원 당시의 소년원에 이송하여야 한다.

[전문개정 2008. 6. 20.]

제85조(임시퇴원취소로 재수용된 사람의 처우) ① 소년원장은 임시퇴원된 보호소년이 영 제88조에 따라 임시퇴원이 취소되어 재수용된 때에는 제53조에 따른 신입자교육을 실시하고, 처우·징계위원회의 심사를 거쳐 개별처우계획을 새로 수립해야 한다. 다만, 재수용된 보호소년의 잔여 수용기간이 40일 미만인 경우에는 처우·징계위원회의 심사를 생략하고 임시퇴원 당시의 과정에 편성할 수 있다. 〈개정 2014. 1. 29., 2021. 4. 20.〉

② 소년원장은 임시퇴원자가 보호관찰기간 중에 범법행위를 하여 임시퇴원이 취소되고 징역 또는 금고 이상의 유죄판결이 확정되거나

보호처분에 의하여 소년원에 송치된 때에는 이전의 보호처분취소를 법원소년부에 신청하여야 한다.

[전문개정 2008. 6. 20.]

제6장 보칙 〈개정 2008. 6. 20.〉

第86조(청소년심리상담실의 운영) 법 제50조의2에 따른 청소년심리상담실에는 법 제24조제2항에 따른 전문적 지식과 기술을 갖춘 직원을 상시 배치하여야 한다.

[전문개정 2008. 6. 20.]

第87조(실비 징수) ① 청소년심리상담실 이용에 따른 실비는 그 수혜자가 부담함을 원칙으로 한다. 다만, 다음 각 호의 어느 하나에 해당하는 사람에게는 실비의 징수를 면제할 수 있다.

1. 퇴원 또는 임시퇴원자
2. 「사회복지사업법」에 따른 사회복지시설에서 생활하는 사람
3. 소년분류심사원장이 공익 그 밖의 사유로 필요하다고 인정하는 사람

② 실비의 산정기준은 소속 공무원의 인건비를 제외한 프로그램 운영비 및 검사용지 매입가를 기준으로 하되, 100원 미만은 버린다.

[전문개정 2008. 6. 20.]

第88조(소년보호위원의 위촉 및 해촉) ① 법무부장관은 보호소년등의 선도·보호에 관한 학식과 경험이 풍부한 자를 소년보호위원으로 위촉하여 교정교육에 참여시킬 수 있다. 다만, 다음 각 호의 어느 하나에 해당하는 자는 소년보호위원으로 위촉할 수 없다.

1. 「국가공무원법」 제33조 각 호의 결격사유에 해당하는 사람

2. 심신장애로 인하여 직무수행이 불가능하거나 현저히 곤란하다고 인정되는 사람

3. 직무태만·품위손상 그 밖의 사유로 해촉된 사실이 있거나 소년보호위원으로서 적당하지 아니하다고 인정되는 사람

② 원장은 소년보호위원으로 위촉된 자가 제1항 각 호의 어느 하나에 해당되는 사유가 발생한 때에는 지체 없이 사유서 등을 첨부하여 법무부장관에게 해촉을 신청하여야 한다.

[전문개정 2008. 6. 20.]

제89조(소년보호위원의 자격기준 등) 소년보호위원의 세부적인 자격기준, 활동 등에 관한 사항은 법무부장관이 정한다.

[전문개정 2008. 6. 20.]

제90조(소년보호협회의 수익사업 등) ① 법 제51조에 따라 설치된 소년보호협회(이하 "협회"라 한다)는 영 제98조제2항에 따른 수익사업의 경영으로 목적사업에 지장을 초래하여서는 아니되며, 그 수익은 목적사업을 위하여 사용하여야 한다.

② 협회는 영 제98조제3항에 따라 수익사업의 승인 또는 변경승인을 신청하는 경우에는 승인신청서에 다음 각 호의 서류를 첨부하여 법무부장관에게 제출하여야 한다.

1. 사업계획서

2. 추정손익계산서 및 그 부속명세서

③ 영 제99조제3항에 따라 협회가 법무부장관에게 제출하는 사업실적 및 결산서에는 해당 회계연도의 대차대조표·손익계산서·재산목록

· 잉여금처분계산서 · 감사의견서 및 관련 서류가 포함되어야 한다.

[본조신설 2014. 1. 29.]

제91조(기부금품의 접수 영수증 등) ① 영 제102조제1항에 따른 기부금품의 접수 영수증은 「법인세법 시행규칙」 제82조제7항제3호의3의 별지 제63호의3서식에 따른다.

② 영 제102조제5항에 따른 기부금품의 접수현황 및 사용실적 등에 관한 장부는 별지 제35호서식에 따른다.

[본조신설 2014. 7. 1.]

부칙 〈제561호, 2004. 12. 16.〉

①(시행일) 이 규칙은 공포한 날부터 시행한다.

②(다른 법령의 폐지) 보호소년처우심사위원회규칙 및 위탁소년감별판정위원회규칙은 각각 이를 폐지한다.

부칙 〈제602호, 2006. 11. 28.〉

이 규칙은 공포한 날부터 시행한다.

부칙 〈제641호, 2008. 6. 20.〉

제1조(시행일) 이 규칙은 2008년 6월 22일부터 시행한다.

제2조(징계양정에 관한 적용례) 제28조제3항의 개정규정은 이 규칙 시행 후 최초로 보호소년등을 징계할 때부터 적용한다.

제3조(퇴원 신청에 관한 적용례) 제75조 및 제76조의 개정규정은 이 규칙 시행 후 최초로 소년원 송치처분을 받은 보호소년부터 적

용한다.

제4조(다른 법령의 개정) ① 법무부와 그 소속기관 직제 시행규칙 일부를 다음과 같이 개정한다.

제7조제5항제10호, 제20조제7항제7호, 제21조제6항제4호 및 제21조의2제5항제4호 중 "특별교육"을 각각 "대안교육"으로 한다.

제7조제5항제10호, 제20조제7항제7호 및 제21조제6항제4호 중 "청소년 적성검사실"을 각각 "청소년심리상담실"로 한다.

제7조제5항제12호 중 "보호소년등을 위한 지도위원"을 "소년보호위원"으로 한다.

② 보호관찰등에관한법률시행규칙 일부를 다음과 같이 개정한다.

제16조, 제17조의 제목, 같은 조 본문, 제36조의 제목, 같은 조 제목 외의 부분, 제37조의 제목, 같은 조 제목 외의 부분, 별지 제7호서식 앞쪽의 제목, 같은 쪽의 제목 외의 부분, 별지 제7호서식의 뒤쪽 및 별지 제27호서식 중 "가퇴원"을 각각 "임시퇴원"으로 한다.

③ 소년원 및 소년분류심사원 급여규칙 일부를 다음과 같이 개정한다.

제1조 중 "「소년원법」"을 "「보호소년 등의 처우에 관한 법률」"로 한다.

제5조제3항 중 "「소년원법 시행령」"을 "「보호소년 등의 처우에 관한 법률 시행령」"으로 한다.

제11조 본문 중 "가퇴원"을 "임시퇴원"으로 한다.

제5조(다른 법령과의 관계) 이 규칙 시행 당시 다른 법령에서 종전의 「소년원법 시행규칙」이나 그 규정을 인용한 경우에 이 규칙 가운

데 그에 해당하는 규정이 있으면 종전의 규정을 갈음하여 이 규칙이나 이 규칙의 해당 조항을 인용한 것으로 본다.

부칙 〈제713호, 2010. 12. 13.〉

이 규칙은 공포한 날부터 시행한다.

부칙 〈제735호, 2011. 4. 5.〉

제1조(시행일) 이 규칙은 공포한 날부터 시행한다.

제2조(퇴원증 및 임시퇴원증에 대한 적용례) 별지 제27호서식 및 별지 제28호서식의 개정규정은 이 규칙 시행 후 최초로 퇴원하거나 임시퇴원하는 소년원생부터 적용한다.

부칙 〈제777호, 2012. 8. 2.〉

이 규칙은 공포한 날부터 시행한다.

부칙 〈제813호, 2014. 1. 29.〉

이 규칙은 2014년 1월 31일부터 시행한다.

부칙 〈제820호, 2014. 7. 1.〉

이 규칙은 2014년 7월 8일부터 시행한다.

부칙 〈제840호, 2015. 4. 3.〉

이 규칙은 공포한 날부터 시행한다.

부칙 〈제876호, 2016. 9. 29.〉

제1조(시행일) 이 규칙은 2016년 9월 30일부터 시행한다.

제2조(보호소년의 이송 시 인계사항에 관한 적용례) 제19조제3항의 개정규정은 이 규칙 시행 이후 제46조 및 별지 제12호서식에 따른 보관금품 보관증을 교부받은 보호소년등을 이송하는 경우부터 적용한다.

제3조(보호소년등의 징계에 관한 적용례) 제28조제3항부터 제5항까지 및 별표 1의2의 개정규정은 이 규칙 시행 전에 행하여진 규율위반 행위에 대해서도 적용한다.

제4조(서식에 관한 경과조치) 이 규칙 시행 당시 종전의 규정에 따라 작성되어 사용 중인 서식은 2016년 12월 31일까지 이 규칙에 따른 서식과 함께 사용할 수 있다.

부칙 〈제970호, 2020. 3. 6.〉

이 규칙은 공포한 날부터 시행한다.

부칙 〈제1006호, 2021. 4. 20.〉

제1조(시행일) 이 규칙은 2021년 4월 21일부터 시행한다.

제2조(시설을 이탈한 보호소년에 대한 보호처분 변경조치 대상의 변경에 관한 적용례) 제16조제1항의 개정규정은 이 규칙 시행 당시 「소년법」 제32조제1항제7호부터 제10호까지의 규정에 따라 소년원에 수용 중인 보호소년이 이 규칙 시행 이후에 시설을 이탈한 경우에 대해서도 적용한다.

제3조(진료기록부등의 보존기간 신설에 따른 적용례) 제44조의2의 개정규정은 이 규칙 시행 당시 보존 중인 진료기록부등에 대해서도 적용한다.

제4조(출원생의 외래진료 기간 및 방법에 관한 적용례) 제44조의4의 개정규정은 이 규칙 시행 전에 출원한 출원생의 외래진료에 대해서도 적용한다. 이 경우 외래진료의 기간은 해당 출원생의 의료재활소년원 출원일부터 기산한다.

제5조(특수분류심사 대상자에 관한 적용례) 별표 4의 개정규정은 이 규칙 시행 전에 수용된 위탁소년·유치소년 또는 소년원장이나 보호관찰소장이 분류심사를 의뢰한 소년에 대한 분류심사를 하는 경우에도 적용한다.

부칙 〈제1022호, 2022. 2. 7.〉 (어려운 법령용어 정비를 위한 32개 법령의 일부개정에 관한 법무부령)

이 규칙은 공포한 날부터 시행한다.

부칙 〈제1039호, 2022. 12. 19.〉 (자격 취득 등에 요구되는 실무경력의 인정범위 확대 등을 위한 2개 법령의 일부개정에 관한 법무부령)

이 규칙은 공포한 날부터 시행한다.

별표 / 서식

[별표 1] 수갑 사용방법 1(제24조의2제1항제1호 관련)

[별표 1의2] 수갑 사용방법 2(제24조의2제1항제2호 관련)

[별표 1의3] 수갑 사용방법 3(제24조의2제1항제3호 관련)

[별표 1의4] 포승 사용방법 1(제24조의2제2항제1호 관련)

[별표 1의5] 포승 사용방법 2(제24조의2제2항제1호 관련)

[별표 1의6] 포승 사용방법 3(제24조의2제2항제1호 관련)

[별표 1의7] 포승 사용방법 4(제24조의2제2항제2호 관련)

[별표 1의8] 포승 사용방법 5(제24조의2제2항제2호 관련)

[별표 1의9] 포승 사용방법 6(제24조의2제2항제3호 관련)

[별표 1의10] 머리보호장비 사용방법(제24조의2제5항 관련)

[별표 1의11] 보호대 사용방법(제24조의2제6항 관련)

[별표 2] 보호소년등의 징계기준(제28조제1항 관련)

[별표 2의2] 보호소년등의 포상기준(제29조 관련)

[별표 3] 분기별 반입품 허가기준(제32조제1항 관련)

[별표 4] 분류심사 실시기준(제48조제3항관련)

[별지 제1호서식] 보호소년등 인수서

[별지 제2호서식] 입원통지서

[별지 제3호서식] 청원처리부

[별지 제4호서식] 항고권포기서약서

[별지 제5호서식] 진료소견서

[별지 제6호서식] 상벌대장

[별지 제7호서식] 개인별 급여품관리부

[별지 제8호서식] 개인별 반입품관리부

[별지 제9호서식] 시간외면회부

[별지 제10호서식] (외출, 외출기간연장)신청서

[별지 제11호서식] 외래진료 진료비용 지급 청구서

[별지 제12호서식] 보관금(품)보관증

[별지 제13호서식] 영수증

[별지 제14호서식] 기증품관리대장

[별지 제15호서식] 삭제 〈2008.6.20〉

[별지 제16호서식] 삭제 〈2008.6.20〉

[별지 제17호서식] 삭제 〈2008.6.20〉

[별지 제18호서식] 졸업대장

[별지 제19호서식] 졸업증서

[별지 제20호서식] 졸업증명서

[별지 제21호서식] 성적증명서

[별지 제22호서식] 수료(제적)증명서

[별지 제23호서식] 재학증명서

[별지 제24호서식] 통근취업약정서

[별지 제25호서식] 보호자상담부

[별지 제25호의2서식] (재원, 퇴원)증명서

[별지 제25호의3서식] (재원, 퇴원)증명서

[별지 제26호서식] 교육 · 생활지도부

[별지 제27호서식] 퇴원증

[별지 제28호서식] 임시퇴원증

[별지 제29호서식] 보호소년 인도통지서

[별지 제30호서식] 보호자인도부

[별지 제31호서식] 삭제 〈2016. 9. 29.〉

[별지 제32호서식] 계속수용신청서

[별지 제33호서식] 계속수용사실 통지

[별지 제34호서식] 보호장비 사용 기록부

[별지 제35호서식] 기부금품 접수 · 사용 대장

대한민국 법령 시리즈 533

보호소년 등의 처우에 관한 법률

(약칭 : 보호소년법)

법 령 / 시 행 령 / 시 행 규 칙

2025년 5월 19일 인쇄 정가 18,000원
2025년 5월 29일 발행

편 저 편집부
디 자 인 송영미
발 행 인 조준형
발 행 처 해광출판사
http://www.hgbookpub.com
E-mail : munbookcokr@naver.com
주 소 부산광역시 중구 해관로 41-1 (중앙동2가)
전화번호 (051) 253-0001 팩스 (051) 245-1187
등 록 제 2012-000005호

해광출판사에서는 여러분의 소중한 원고와 함께 할 기회를 기다리고 있습니다. 책으로 엮을 원고나 아이디어가 있으신 분들은 이메일 munbookcokr@naver.com로 책에 대한 간단한 개요와 원고 전체 또는 일부를 연락처와 함께 보내주십시오.

ISBN 979-11-6881-833-0

※ 법령 출처 : 법제처 국가법령정보센터
※ 본 도서는 〈공공데이터 제공 및 이용 활성화에 관한 법률〉을 근거로 출판되었습니다.

해광출판사 대한민국 법령 시리즈

001. 선원법
002. 어선법
003. 선박직원법
004. 해사안전기본법
005. 해양환경관리법
006. 선박의 입항 및 출항등에 관한 법률
007. 학교안전사고예방 및 보상에 관한 법률
008. 종합부동산세법
009. 방위사업법
010. 행정규제기본법
011. 식품산업진흥법
012. 위험물안전관리법
013. 화재의 예방 및 안전관리에 관한 법률
014. 도시가스사업법
015. 실내공기질관리법
016. 지방세법
017. 소득세법
018. 법인세법
019. 도선법
020. 선박안전법
021. 선박법
022. 수산업법
023. 고압가스안전관리법
024. 국민연금법
025. 공동주택관리법
026. 화학물질관리법
027. 어선원 및 어선 재해보상보험법
028. 장기등 이식에 관한 법률
029. 자연재해대책법
030. 공유재산 및 물품 관리법
031. 산업입지 및 개발에 관한 법률
032. 부정경쟁방지 및 영업비밀보호에 관한 법률
033. 금융지주회사법
034. 온실가스 배출권의 할당 및 거래에 관한 법률
035. 건축사법
036. 산림문화휴양에 관한 법률
037. 전기사업법
038. 사립학교법
039. 고등교육법
040. 액화석유가스의 안전관리 및 사업법
041. 선박투자회사법
042. 수산자원관리법
043. 위험물선박운송및저장규칙
044. 선박평형수관리법
045. 주택임대차보호법
046. 상가건물임대차보호법
047. 지방공기업법
048. 승강기안전관리법
049. 수목원·정원의 조성 및 진흥에 관한 법률
050. 민법
051. 치료감호 등에 관한 법률
052. 대부업 등의 등록 및 금융이용자 보호에 관한 법률
053. 사료관리법
054. 무형문화재 보전 및 진흥에 관한 법률
055. 총포·도검·화약류 등의 안전관리에 관한 법률
056. 경찰관직무집행법
057. 시설물의 안전 및 유지관리에 관한 특별법
058. 수산생물질병 관리법
059. 소비자기본법
060. 국제선박등록법
061. 정보통신망 이용촉진 및 정보보호 등에 관한 법률
062. 해운법
063. 농수산물 품질관리법
064. 수산업협동조합법
065. 해외건설촉진법
066. 수상레저안전법
067. 공무원재해보상법
068. 수상에서의 수색·구조 등에 관한 법률
069. 어촌어항법
070. 항만법
071. 항만운송사업법
072. 해양경비법
073. 해양사고의 조사 및 심판에 관한 법률
074. 외국인근로자의 고용 등에 관한 법률
075. 중소기업기본법
076. 자유무역지역의 지정 및 운영에 관한 법률
077. 대기환경보전법
078. 소음진동관리법
079. 폐기물관리법
080. 하수도법
081. 물환경보전법
082. 토양환경보전법
083. 환경정책기본법
084. 산업재해보상보험법
085. 관세법
086. 노동조합 및 노동관계조정법
087. 근로기준법
088. 군인연금법
089. 먹는물관리법
090. 기술보증기금법
091. 관광진흥법
092. 감염병의 예방 및 관리에 관한 법률
093. 사법경찰관리의 직무를 수행할 자와 그 직무범위에 관한 법률
094. 수의사법
095. 가정폭력방지 및 피해자보호 등에 관한 법률
096. 환경영향평가법
097. 체육시설의 설치 · 이용에 관한 법률
098. 장사 등에 관한 법률
099. 상호저축은행법
100. 은행법
101. 보호관찰 등에 관한 법률
102. 형법
103. 자동차관리법
104. 형사소송법
105. 전자금융거래법
106. 마약류 불법거래 방지에 관한 특례법
107. 도로법
108. 주세법
109. 변리사법
110. 하천법
111. 중소기업진흥에 관한 법률
112. 발달장애인 권리보장 및 지원에 관한 법률
113. 주택법
114. 장애인복지법
115. 농어업경영체 육성 및 지원에 관한 법률
116. 공인중개사법
117. 건강기능식품에 관한 법률
118. 예비군법
119. 개발제한구역의 지정 및 관리에 관한 특별조치법
120. 국유재산법
121. 주차장법
122. 환경기술 및 환경산업 지원법
123. 대기관리권역의 대기환경개선에 관한 특별법
124. 악취방지법
125. 미세먼지 저감 및 관리에 관한 특별법
126. 가축분뇨의 관리 및 이용에 관한 법률
127. 물의 재이용 촉진 및 지원에 관한 법률
128. 물관리기본법
129. 물관리기술 발전 및 물산업 진흥에 관한 법률
130. 자원의 절약과 재활용촉진에 관한 법률
131. 전기 · 전자제품 및 자동차의 자원순환에 관한 법률
132. 건설폐기물의 재활용촉진에 관한 법률
133. 수도권매립지관리공사의 설립 및 운영 등에 관한 법률
134. 폐기물의 국가 간 이동 및 그 처리에 관한 법률
135. 폐기물처리시설 설치촉진 및 주변지역지원 등에 관한 법률
136. 자원순환기본법
137. 잔류성오염물질 관리법
138. 환경분쟁 조정법

해광출판사 대한민국 법령 시리즈

139. 화학물질의 등록 및 평가 등에 관한 법률
140. 환경오염시설의 통합관리에 관한 법률
141. 환경오염피해 배상책임 및 구제에 관한 법률
142. 중소기업제품 구매촉진 및 판로지원에 관한 법률
143. 환경개선비용 부담법
144. 환경분야 시험·검사 등에 관한 법률
145. 환경친화적 산업구조로의 전환촉진에 관한 법률
146. 환경친화적 자동차의 개발 및 보급 촉진에 관한 법률
147. 환경범죄 등의 단속 및 가중처벌에 관한 법률
148. 생명윤리 및 안전에 관한 법률
149. 장애인차별금지 및 권리구제 등에 관한 법률
150. 부동산투자회사법
151. 정치자금법
152. 과학기술기본법
153. 대리점거래의 공정화에 관한 법률
154. 상속세 및 증여세법
155. 학원의 설립 · 운영 및 과외교습에 관한 법률
156. 해양심층수의 개발 및 관리에 관한 법률
157. 전기용품 및 생활용품 안전관리법
158. 사회기반시설에 대한 민간투자법
159. 공직선거법
160. 정당법
161. 유류오염손해배상 보장법
162. 부정청탁 및 금품등 수수의 금지에 관한 법률
163. 항로표지법
164. 어장관리법
165. 민방위기본법
166. 공직자윤리법
167. 선거관리위원회법
168. 유선 및 도선 사업법
169. 전기공사업법
170. 사회복지사업법
171. 택지개발촉진법
172. 국가공무원법
173. 민간임대주택에 관한 특별법
174. 어음법·수표법
175. 민사집행법
176. 상법
177. 문화예술진흥법
178. 중소기업협동조합법
179. 농업협동조합법
180. 도로교통법
181. 의료사고 피해구제 및 의료분쟁 조정 등에 관한 법률
182. 산림보호법
183. 소년법
184. 동물보호법
185. 건축물관리법
186. 도시개발법
187. 화물자동차 운수사업법
188. 도시 및 주거환경정비법
189. 의료법
190. 국회법
191. 응급의료에 관한 법률
192. 출입국관리법
193. 노인복지법
194. 산림자원의 조성 및 관리에 관한 법률
195. 청소년 보호법
196. 초 · 중등교육법
197. 혁신도시 조성 및 발전에 관한 특별법
198. 경제자유구역의 지정 및 운영에 관한 특별법
199. 공공기관의 운영에 관한 법률
200. 대한민국헌법
201. 국민기초생활 보장법
202. 저작권법
203. 가사소송법
204. 국가유공자 등 예우 및 지원에 관한 법률
205. 국민체육진흥법
206. 전통주 등의 산업진흥에 관한 법률
207. 재난 및 안전관리 기본법
208. 정보통신공사업법
209. 주식회사 등의 외부감사에 관한 법률
210. 공익사업을 위한 토지 등의 취득 및 보상에 관한 법률
211. 개인정보 보호법
212. 국세기본법
213. 에너지이용 합리화법
214. 감정평가 및 감정평가사에 관한 법률
215. 국가인권위원회법
216. 가맹사업거래의 공정화에 관한 법률
217. 보건의료기본법
218. 산업안전보건법
219. 법무사법
220. 교육공무원법
221. 특허법
222. 민사소송법
223. 아동복지법
224. 전파법
225. 하도급거래 공정화에 관한 법률
226. 기초연금법
227. 사립학교교직원 연금법
228. 직업안정법
229. 장애아동 복지지원법
230. 부동산등기법
231. 자동차손해배상 보장법
232. 철도안전법
233. 항공안전법
234. 전자상거래 등에서의 소비자보호에 관한 법률
235. 독점규제 및 공정거래에 관한 법률
236. 상표법
237. 채무자 회생 및 파산에 관한 법률
238. 공무원연금법
239. 축산법
240. 근로복지기본법
241. 민원 처리에 관한 법률
242. 약사법
243. 방문판매 등에 관한 법률
244. 건축기본법
245. 지방세기본법
246. 지방세징수법
247. 지방자치법
248. 도시교통정비 촉진법
249. 공공주택 특별법
250. 국세징수법
251. 공인노무사법
252. 중대재해 처벌 등에 관한 법률
253. 외무공무원법
254. 소방시설공사업법
255. 검역법
256. 공중위생관리법
257. 할부거래에 관한 법률
258. 인터넷 멀티미디어 방송사업법
259. 전기통신사업법
260. 제품안전기본법
261. 철도사업법
262. 어린이제품 안전 특별법
263. 영유아보육법
264. 원자력안전법
265. 보험업법
266. 경비업법
267. 교통안전법
268. 세무사법
269. 관세사법
270. 공인회계사법
271. 지방공무원법
272. 고용정책 기본법
273. 국가경찰과 자치경찰의 조직 및 운영에 관한 법률
274. 협동조합 기본법
275. 재해구호법
276. 환경보건법

해광출판사 대한민국 법령 시리즈

277. 자살예방 및 생명존중문화 조성을 위한 법률
278. 소방산업의 진흥에 관한 법률
279. 소방기본법
280. 비송사건절차법
281. 자연환경보전법
282. 변호사법
283. 기업구조조정투자회사법
284. 전기통신기본법
285. 에너지법
286. 해양생태계의 보전 및 관리에 관한 법률
287. 사회보장기본법
288. 통신비밀보호법
289. 공증인법
290. 물류시설의 개발 및 운영에 관한 법률
291. 청소년활동 진흥법
292. 형의 집행 및 수용자의 처우에 관한 법률
293. 도시공원 및 녹지 등에 관한 법률
294. 태권도 진흥 및 태권도공원 조성 등에 관한 법률
295. 녹색건축물 조성 지원법
296. 우편법
297. 예금자보호법
298. 건설산업기본법
299. 금융회사의 지배구조에 관한 법률
300. 장애인활동 지원에 관한 법률
301. 언론중재 및 피해구제 등에 관한 법률
302. 국가재정법
303. 농지법
304. 게임산업진흥에 관한 법률
305. 정신건강증진 및 정신질환자 복지서비스 지원에 관한 법률
306. 디자인보호법
307. 의료기사 등에 관한 법률
308. 스마트도시 조성 및 산업진흥 등에 관한 법률
309. 내수면어업법
310. 한국주택금융공사법
311. 의료기기법
312. 유통산업발전법
313. 전통시장 및 상점가 육성을 위한 특별법
314. 여신전문금융업법
315. 해외자원개발 사업법
316. 산업교육진흥 및 산학연협력촉진에 관한 법률
317. 빈집 및 소규모주택 정비에 관한 특례법
318. 기업도시개발 특별법
319. 전력기술관리법
320. 국토기본법
321. 지하수법
322. 식품위생법
323. 광업법
324. 호스피스·완화의료 및 임종과정에 있는 환자의 연명의료결정에 관한 법률
325. 주식·사채 등의 전자등록에 관한 법률
326. 표시·광고의 공정화에 관한 법률
327. 골재채취법
328. 국민건강증진법
329. 새마을금고법
330. 여객자동차 운수사업법
331. 마리나항만의 조성 및 관리 등에 관한 법률
332. 한부모가족지원법
333. 국가를 당사자로 하는 계약에 관한 법률
334. 지방자치단체를 당사자로 하는 계약에 관한 법률
335. 축산물 위생관리법
336. 병역법
337. 음악산업진흥에 관한 법률
338. 국가균형발전 특별법
339. 첨단재생의료 및 첨단바이오의약품 안전 및 지원에 관한 법률
340. 공간정보의 구축 및 관리 등에 관한 법률
341. 공유수면 관리 및 매립에 관한 법률
342. 농수산물 유통 및 가격안정에 관한 법률
343. 아시아문화중심도시 조성에 관한 특별법
344. 신탁법
345. 자연공원법
346. 생활화학제품 및 살생물제의 안전관리에 관한 법률
347. 군인사법
348. 국제조세조정에 관한 법률
349. 낙동강수계 물관리 및 주민지원 등에 관한 법률
350. 주민등록법
351. 집합건물의 소유 및 관리에 관한 법률
352. 집단에너지사업법
353. 산림조합법
354. 반도체집적회로의 배치설계에 관한 법률
355. 자본시장과 금융투자업에 관한 법률
356. 담보부사채신탁법
357. 근로자퇴직급여 보장법
358. 국제과학비즈니스벨트 조성 및 지원에 관한 특별법
359. 수도법
360. 식품 등의 표시 · 광고에 관한 법률
361. 약관의 규제에 관한 법률
362. 인삼산업법
363. 종자산업법
364. 항공사업법
365. 건설기계관리법
366. 군형법
367. 궤도운송법
368. 기술의 이전 및 사업화 촉진에 관한 법률
369. 농수산물의 원산지 표시 등에 관한 법률
370. 담배사업법
371. 석유 및 석유대체연료 사업법
372. 가축전염병 예방법
373. 농어촌정비법
374. 식물신품종 보호법
375. 항공보안법
376. 중소기업창업 지원법
377. 군사법원법
378. 우주개발 진흥법
379. 해저광물자원 개발법
380. 산림복지 진흥에 관한 법률
381. 지능형 로봇 개발 및 보급 촉진법
382. 헌법재판소법
383. 옥외광고물 등의 관리와 옥외광고산업 진흥에 관한 법률
384. 혈액관리법
385. 국제항해선박 등에 대한 해적행위 피해예방에 관한 법률
386. 유료도로법
387. 독립유공자예우에 관한 법률
388. 신에너지 및 재생에너지 개발 · 이용 · 보급 촉진법
389. 신용정보의 이용 및 보호에 관한 법률
390. 출판문화산업 진흥법
391. 공항시설법
392. 국민 평생 직업능력 개발법
393. 아동 · 청소년의 성보호에 관한 법률
394. 방송법식
395. 신용보증기금법
396. 화장품법
397. 청소년 기본법
398. 인터넷주소자원에 관한 법률
399. 양곡관리법
400. 도로명주소법
401. 전자문서 및 전자거래 기본법
402. 산업기술의 유출방지 및 보호에 관한 법률
403. 국가기술자격법
404. 양식산업발전법
405. 산업기술혁신 촉진법
406. 새만금사업 추진 및 지원에 관한 특별법
407. 전자정부법
408. 지역 개발 및 지원에 관한 법률
409. 한국농어촌공사 및 농지관리기금법
410. 계량에 관한 법률
411. 기업활동 규제완화에 관한 특별조치법
412. 군에서의 형의 집행 및 군수용자의 처우에 관한 법률

해광출판사 대한민국 법령 시리즈

413. 규제자유특구 및 지역특화발전특구에 관한 규제특례법
414. 금융위원회의 설치 등에 관한 법률
415. 남녀고용평등과 일·가정 양립 지원에 관한 법률
416. 농어업인 삶의 질 향상 및 농어촌지역 개발촉진에 관한 특별법
417. 댐건설·관리 및 주변지역지원 등에 관한 법률
418. 국가유산수리 등에 관한 법률
419. 법원조직법
420. 보훈보상대상자 지원에 관한 법률
421. 부패방지 및 국민권익위원회의 설치와 운영에 관한 법률
422. 과학기술분야 정부출연연구기관 등의 설립·운영 및 육성에 관한 법률
423. 연구개발특구의 육성에 관한 특별법
424. 친환경농어업 육성 및 유기식품 등의 관리·지원에 관한 법률
425. 연안관리법
426. 영화 및 비디오물의 진흥에 관한 법률
427. 신용협동조합법
428. 방송통신발전 기본법
429. 범죄피해자 보호법
430. 가축 및 축산물 이력관리에 관한 법률
431. 국가표준기본법
432. 국가통합교통체계효율화법
433. 범죄인 인도법
434. 국가과학기술 경쟁력 강화를 위한 이공계지원 특별법
435. 국제경기대회 지원법
436. 금융혁신지원 특별법
437. 수자원의 조사·계획 및 관리에 관한 법률
438. 축산자조금의 조성 및 운용에 관한 법률
439. 소방시설 설치 및 관리에 관한 법률
440. 양성평등기본법
441. 축산계열화사업에 관한 법률
442. 수입식품안전관리 특별법
443. 대외무역법
444. 국가연구개발사업 등의 성과평가 및 성과관리에 관한 법률
445. 무역보험법
446. 기술사법
447. 공익신탁법
448. 농약관리법
449. 농업·농촌 및 식품산업 기본법
450. 문화산업진흥 기본법
451. 부담금관리 기본법
452. 야생생물 보호 및 관리에 관한 법률
453. 한국은행법
454. 별정우체국법
455. 원양산업발전법
456. 콘텐츠산업 진흥법
457. 한국수출입은행법
458. 외국인투자 촉진법
459. 물류정책기본법
460. 전자서명법
461. 산업발전법
462. 산업표준화법
463. 소프트웨어 진흥법
464. 토지이용규제 기본법
465. 해수욕장의 이용 및 관리에 관한 법률
466. 정보통신 진흥 및 융합 활성화 등에 관한 특별법
467. 정보통신산업 진흥법
468. 지진·화산재해대책법
469. 소금산업진흥법
470. 위치정보의 보호 및 이용 등에 관한 법률
471. 외국법자문사법
472. 이러닝(전자학습)산업 발전 및 이러닝 활용 촉진에 관한 법률
473. 암관리법
474. 실용신안법
475. 가족관계의 등록 등에 관한 법률
476. 무인도서의 보전 및 관리에 관한 법률
477. 감사원법
478. 정보보호산업의 진흥에 관한 법률
479. 결혼중개업의 관리에 관한 법률
480. 공익신고자 보호법
481. 박물관 및 미술관 진흥법
482. 낚시 관리 및 육성법
483. 동산·채권 등의 담보에 관한 법률
484. 임금채권보장법
485. 국민투표법
486. 농림수산업자 신용보증법
487. 국가채권 관리법
488. 중소기업은행법
489. 식품안전기본법
490. 외국환거래법
491. 발명진흥법
492. 건설기술 진흥법
493. 기후위기 대응을 위한 탄소중립·녹색성장 기본법
494. 인체조직안전 및 관리 등에 관한 법률
495. 엔지니어링산업 진흥법
496. 신문 등의 진흥에 관한 법률
497. 식물방역법
498. 석탄산업법
499. 산업융합 촉진법
500. 비료관리법
501. 임업 및 산촌 진흥촉진에 관한 법률
502. 복권 및 복권기금법
503. 대규모유통업에서의 거래 공정화에 관한 법률
504. 뉴스통신 진흥에 관한 법률
505. 지능정보화 기본법
506. 자격기본법
507. 중소기업 기술혁신 촉진법
508. 국가공간정보 기본법
509. 농어업재해대책법
510. 방송광고판매대행 등에 관한 법률
511. 지식재산 기본법
512. 초고층 및 지하연계 복합건축물 재난관리에 관한 특별법
513. 해양 조사와 해양정보 활용에 관한 법률
514. 공간정보산업 진흥법
515. 공공기관의 정보공개에 관한 법률
516. 행정기본법
517. 해상교통안전법
518. 농어업재해보험법
519. 문화유산의 보존 및 활용에 관한 법률
520. 자연유산의 보존 및 활용에 관한 법률
521. 국토의 계획 및 이용에 관한 법률
522. 건축법
523. 국민건강보험법
524. 계엄법
525. 환경친화적 선박의 개발 및 보급 촉진에 관한 법률
526. 해양폐기물 및 해양오염퇴적물 관리법
527. 연안사고 예방에 관한 법률
528. 전기안전관리법
529. 의약품 등의 안전에 관한 규칙
530. 공공보건의료에 관한 법률
531. 군보건의료에 관한 법률
532. 농어촌 등 보건의료를 위한 특별조치법
533. 보호소년 등의 처우에 관한 법률

*** 해광출판사의 법령 시리즈는 계속 발행 됩니다.**
**** 각 도서의 개정판은 인쇄일을 기준으로 제작 되었습니다.**